Traumhafte Taschen

zum Stricken und Filzen

Traumhafte Taschen
zum Stricken und Filzen

Bev Beattie

Bassermann

Inhalt

ISBN: 978-3-8094-8038-9

© der deutschen Erstausgabe 2010 by Bassermann Verlag, einem Unternehmen der Verlagsgruppe Random House GmbH, 81673 München
Das Buch wurde 2009 erstmals in Großbritannien bei A&C Black Publishers Ltd, 36 Soho Square, London W1D 3QY unter dem Titel »Knit and Felt Bags« veröffentlicht.
© der englischen Originalausgabe by Breslich & Foss Ltd, 2009
Text-Copyright © Bev Beattie 2009

Alle Rechte vorbehalten.
Die Verwertung der Texte und Bilder, auch auszugsweise, ist ohne Zustimmung des Verlags urheberrechtswidrig und strafbar. Dies gilt auch für Vervielfältigungen, Übersetzungen, Mikroverfilmung und für die Verarbeitung mit elektronischen Systemen.

Die Projekte in diesem Buch sind geschützt und dürfen nicht für Verkaufszwecke nachgearbeitet werden.

Fotografie: Sussie Bell
Design: Elizabeth Healey
Redaktion: Janet Ravenscroft
Projekt Management: Kate Haxell

Projektleitung dieser Aufgabe:
Dr. Iris Hahner
Umschlaggestaltung:
contact@inaction.de
Übersetzung: Regine Felsch, Hünstetten
Gesamtproducing: berliner buch.macher

Verlagsgruppe Random House
FSC®-DEU-0100
Das für dieses Buch verwendete FSC®-zertifizierte Papier LuxoArt samt liefert Sappi, Biberist, Schweiz.

Druck & Bindung: Mohn Media, Mohndruck, Gütersloh
Printed in Germany.

817 2635 4453 62

Einführung	6
Eimertaschen	**8**
Purpur pur	10
Blumentopf	14
Flower Power	18
Farbkasten-Tasche	22

Flache Taschen mit schmalem Boden	**28**
Poppige Tasche	30
Flauschrand und Noppen in Orange	36
Kreativ mit Wollresten	40
Retro-Knöpfe-Tasche	46
Wabenmuster mit Hebemaschen	50

Sanft gestreift mit Blüten	86
Zweigeteilt im Noppendesign	92
Violette Veilchen	96
Kleine Blütentasche	102
Pompon perfekt	106

Variationen in Form und Dekor	**54**
Rote Wolle mit Bändchengarn	56
Reife Kirschen	60
Tasche aus recycelter Sari-Seide	66
Kleine Satteltasche	72
Eichenlaub mit Eicheln	76
Chic in Schwarz-Weiß	82

Garne und Techniken	**110**
Garne wählen und verstricken	112
Griffe, Perlen und Knöpfe	119
Die Taschen stricken	120
Das Gestrick filzen	123
Abkürzungen, Nadelstärken-Tabelle	125
Bezugsquellen, Register	126
Danksagungen	128

Einführung

Das Filzen entdeckte ich, als mir ein Freund sehr dicke Wolle schenkte – eher ein ungesponnenes Vorgarn. Ich musste es mit beinahe besenstielartigen Nadeln verstricken, und so kam eine sehr große Tasche dabei heraus. Dann der aufregende Moment: Ich stopfte sie in die Waschmaschine. Tatsächlich wartete ich, vor der Waschmaschine stehend, bis sie fertig war – ganz schön verrückt!

Beim Öffnen der Maschinentür sah ich, dass aus der geräumigen Tasche (ich wollte darin meine große Collegemappe verstauen) ein flaches Stricknadeltäschchen geworden war. Doch ich gab nicht auf, stellte eine weitere Tasche her, dann noch eine, bis eine richtig proportioniert war. Das gefiel mir – doch nun ging mir das Garn aus.

Ich kaufte verschiedenste reine Wollgarne oder solche, die sich so nannten, und stellte fest, dass einige chemisch behandelt oder waschmaschinengeeignete Superwash-Sorten waren; mit ihnen funktioniert das Filzen nicht. So kam das Wunder des Internets ins Spiel: Ich besorgte mir Wollgarne aus der ganzen Welt, fand das perfekte Material für mein Vorhaben und fertigte immer mehr Taschen an. Jetzt gab's kein Zurück mehr.

Einige Exemplare zeigte ich im College meinen Mitschülerinnen. Jenny, eine der Studentinnen, wollte eine Tasche kaufen. Ich staunte, dass sie mir auf der Stelle Geld dafür bot. Einige Tage später wollte Tanya, eine zweite junge Dame, ein anderes Modell erwerben. So wurde mir klar, dass ich solche Taschen verkaufen sollte.

Das Geheimnis liegt im Garn: Mit guter Wolle gelingen die Taschen.

Meine Mutter Doreen sowie meine Schwestern Bridget und Bernadette nahmen ihre Taschen mit zu Freunden, zur Arbeit, zum Friseur und an andere Orte – wie gute Vertriebsmitarbeiter. Schließlich verkaufte ich die Taschen so schnell, wie ich nur stricken konnte. Kiloweise besorgte ich das Garn, auch das kauften die College-Freundinnen – ich startete meinen Garnhandel »Knitting4fun«.

Kurz nach meiner Teilnahme an einer Strick- und Stickausstellung wurde mir klar, dass ich nicht genug Taschen für die wachsende Nachfrage machen konnte. Also stellte ich Handarbeitspackungen zusammen mit Wollgarnen, Stricknadeln und der Anleitung, die man zur Taschenanfertigung benötigt. Ich verkaufte sie alle und musste nach der Ausstellung jeden Abend für Nachschub sorgen. Tom, mein Ehemann, und sein Freund David erstellten meine Website, der Handel blühte. Deshalb haben wir Garne in jedem Raum unseres Hauses, bis aufs Bad. (Obwohl man darin viel Wolle lagern könnte!)

Das Großartige am Strickfilzen ist, dass es schnell und leicht zu machen ist und vieles verzeiht. Sobald das Gestrick verfilzt ist, sieht man nicht mehr, dass die Maschenweite vielleicht nicht perfekt ist, ob eine Masche fiel oder andere kleine Fehler vorhanden sind. Anfänger und Fortgeschrittene kommen zu wunderbaren Ergebnissen.

Das Geheimnis liegt im Garn: Mit guter Wolle gelingen die Taschen. Ich verwende meine eigenen Knitting4fun-Garne, die wirklich bei 40 °C in der Waschmaschine verfilzen. Auf Seite 112 bis 118 finden Sie Informationen über diese Sorten und Tipps für Ersatzgarne.

Ich hoffe, Sie haben ebenso viel Spaß beim Stricken und Filzen Ihrer eigenen Taschen wie ich.

Bev Beattie

> Sobald das Gestrick verfilzt ist, sieht man nicht mehr, dass die Maschenweite vielleicht nicht perfekt ist, ob eine Masche fiel oder andere kleine Fehler vorhanden sind.

Eimertaschen

Solche Bucket-Bag-Modelle sind sehr leicht und schnell zu stricken – einfach perfekt für Neulinge in dieser Handarbeit. Zu diesem eimerförmigen Design passen gut längere Henkel, die Sie sich über die Schulter hängen können. So lässt sich in diesen praktischen Taschen nicht nur viel unterbringen, sondern sie sind gleichzeitig ein modisches Accessoire.

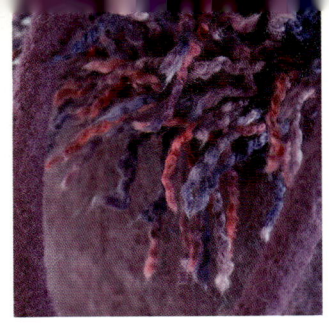

Purpur pur

Das brauchen Sie
- 125 g Pure Wool (von Knitting4fun) in Purple (A)
- 50 g Pizzazz (von Elle) in Poison 252 (B)
- 125 g Pure Wool (von Knitting4fun) in Damson (C)
- Rundstricknadel, 8 mm stark, 60 cm lang
- Rundstricknadel, 10 mm stark, 60 oder 80 cm lang
- Nadelspiel (5-teilig), 10 mm stark
- Wollnadel (oder dicke Stick-, Stopfnadel)
- eventuell großer Druckknopf als Verschluss

Fertige Größe
Die Tasche misst ungefähr 24 cm in der Höhe und 23 cm in der Breite.

Diese war eine der ersten Taschen, die ich je gemacht habe. Ich liebe das Pizzazz-Garn von Elle und wollte damit eine aufregend strukturierte Tasche gestalten.

Zu dieser Form inspirierte mich ursprünglich das Strickmuster für einen Hut: Stellen Sie sich das Modell umgedreht und kleiner vor! Die geänderte Anleitung ist wirklich leicht nachzustricken und lässt sich an jede gewünschte Taschengröße anpassen – ob klein oder riesig.

Für diese Tasche habe ich Garn in zwei verschiedenen Purpurtönen gemeinsam verstrickt, um eine lebendigere Wirkung zu erzielen. Die Auswahl passt gut zur Farbmischung des Effektgarns, das den wunderschönen Fransenrand rund um die Taschenöffnung bildet.

Die Abnahmen für den Taschenboden werden mit einem Nadelspiel gestrickt. Zwei Henkel aus Strickschnur vervollständigen die Tasche; Sie können sie in fast jeder Länge anfertigen, eben so, wie Sie sie benötigen.

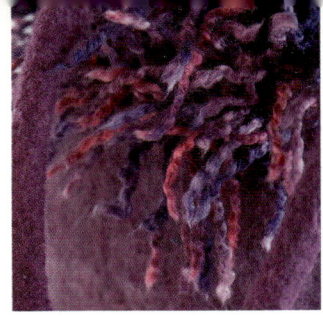

Maschenprobe

12 M und 14 R = 10 x 10 cm, wenn glatt re mit der 10-mm-Stricknadel und zweifädig gestrickt wird (Garn A). Fürs Filzen ist die Maschenweite aber nicht so wichtig.

Abkürzungen

Siehe Seite 125.

Taschenwand

65 M mit der 8-mm-Rundstricknadel anschlagen, dabei jeweils einen Faden von Garn A und B gemeinsam verstricken. Die Anschlagsreihe zu einer Runde verbinden, diese jedoch keinesfalls verdrehen. Mit einem Maschenmarkierer den Beginn der Runde kennzeichnen.

Nun 8 bis 10 oder so viele Runden li M stricken, bis der obere Taschenrand breit genug ist. Linke Maschen bringen die Effektfasern gut auf die rechte Gestrickseite. Die langen Fasern beim Arbeiten nach vorn zupfen, um sie nicht festzustricken.

Danach das Mitstricken von Garn B beenden, dieses durch Garn C ersetzen.

Zur 10-mm-Rundstricknadel wechseln. Folgendermaßen glatt re weiterstricken:

Nächste Runde: * 12 M re, 2 M aus nächster M herausstr (= 1 M zun), ab * 5-mal wiederh = 70 M.

Danach 45 Runden (je ein Faden von A und C gemeinsam) glatt re stricken.

Taschenboden

Maschenmarkierer auf re Nadel heben. Für den Boden wie folgt abnehmen:

Runde 47: * 8 M re, 2 M re zusstr. Ab * fortl bis Rd-Ende wiederh = 63 M.

Danach 3 Runden glatt re stricken.

Runde 51: * 7 M re, 2 M re zusstr. Ab * fortl bis Rd-Ende wiederh = 56 M.

Danach 2 Runden glatt re stricken.

Zum 10-mm-Nadelspiel wechseln und wie folgt weiterarbeiten:

Runde 54: Mit der 1. Nadel * 6 M re, 2 M re zusstr. Ab * 2-mal wiederh. Genauso mit der 2. und 3. Nadel weiterarbeiten. Mit der 4. Nadel diese Maschenfolge jedoch nur 1-mal wiederh = 49 M.

Für den Taschenboden mit dem Nadelspiel wie folgt weiterarbeiten:

1 Runde glatt re stricken.

Runde 56: * 5 M re, 2 M re zusstr. Ab * fortl bis Rd-Ende wiederh = 42 M.
Runde 57: * 4 M re, 2 M re zusstr. Ab * fortl bis Rd-Ende wiederh = 35 M.
Runde 58: * 3 M re, 2 M re zusstr. Ab * fortl bis Rd-Ende wiederh = 28 M.
Runde 59: * 2 M re, 2 M re zusstr. Ab * fortl bis Rd-Ende wiederh = 21 M.
Runde 60: * 1 M re, 2 M re zusstr. Ab * fortl bis Rd-Ende wiederh = 14 M.
Runde 61: * 2 M re zusstr. Ab * fortl bis Rd-Ende wiederh = 7 M.

Den Faden bis auf ein 40 cm langes Ende abschneiden, dieses durch die 7 M ziehen, in eine Wollnadel einfädeln und zum Sichern mehrfach durch diese M nähen.

Zwei Taschenhenkel

Für einen Henkel mit zwei Fäden von Garn A und zwei 10 mm starken Nadeln des Nadelspiels 4 M anschlagen. (Man kann auch je einen Faden von Garn A und C miteinander verstricken.) Nun 1 Reihe glatt re stricken.

Danach die Nadeln von einer in die andere Hand geben, sodass sich das Gestrick wieder links befindet, jedoch ohne die Nadel zu drehen (der Arbeitsfaden hängt links). Dann die Maschen zum anderen Nadelende schieben und die nächste Reihe stricken, wobei der hinter den Maschen verlaufende Faden angezogen wird. Die ersten drei oder vier Reihen werden flach ausfallen, doch keine Sorge – danach wird das Gestrick schlauchförmig. Stets vor der ersten Masche einer jeden Reihe sehr kräftig am Faden ziehen, damit er nicht mehr auf der Rückseite sichtbar ist.

Auf diese Weise mit dem Verschieben und Stricken der Maschen fortfahren, bis der Henkel die gewünschte Länge hat. Weil er beim Filzen ungefähr um ein Drittel schrumpft, stricke ich für einen kurzen Handtaschenhenkel in der Regel 50 bis 60 Reihen, für längere Handtaschenhenkel 100 Reihen und für Schulterhenkel 120 bis 140 Reihen. Zum Schluss alle M abketten.

Fertigstellung

Mit einer Wollnadel und dem Garn A beide Henkel von innen gegen den oberen Taschenrand nähen, das Ende sollte ungefähr 1,5 cm von der Oberkante entfernt sein. Alle Fadenenden vernähen.

Die Tasche zum Filzen in der Maschine waschen (siehe Anleitung auf Seite 123 bis 124). Eventuell einen großen Druckknopf als Verschluss annähen.

Für diese Tasche habe ich Garn in zwei verschiedenen Purpurtönen gemeinsam verstrickt, um eine etwas lebendigere Wirkung zu erzielen. Die Auswahl passt gut zur Farbmischung des Effektgarns, das den wunderschönen Fransenrand rund um die Taschenöffnung bildet.

Blumentopf

Das brauchen Sie

- 150 g Pure Wool (von Knitting4fun) in Rust (A)
- 100 g Giotto (von Colinette) in Windfall 149 (B)
- wenig Garn von Pure Wool (von Knitting4fun) in Apple Green, Yellow und Cream
- Rundstricknadel, 8 mm stark, 40 oder 60 cm lang
- Rundstricknadel, 9 mm stark, 60 cm lang
- Nadelspiel (4-teilig), 9 mm stark
- Stricknadelpaar, 6 mm stark
- Häkelnadel, 6 mm stark
- Wollnadel (oder dicke Stick-, Stopfnadel)
- eventuell großer Druckknopf als Verschluss

Fertige Größe

Die Tasche misst ungefähr 18 cm in der Höhe und 18 cm in der Breite.

Die mit Liebe umsorgten Kübelpflanzen im Garten meiner Mutter inspirierten mich zum Design dieser Tasche. Die Mischung aus rostfarbener reiner Wolle mit dem lebendigen Bändchengarn mutet wie die verwitterte Oberfläche der Terrakottatöpfe an.

An den Seiten fließen kleine Zweige aus gestrickten Blättchen herab, ergänzt durch gehäkelte Knospen und sich daraus entwickelnde Blüten. Schmücken Sie auch den Henkel mit wenigen Blättchen und Blüten, um das Modell optisch abzurunden. Man kann für den Blumenschmuck jegliche Farben auswählen, um eine individuelle hübsche und niedliche Tasche zu gestalten.

Wenn Sie die Tasche ohne Henkel filzen, wird daraus ein Übertopf. Wunderschön sähe es aus, wenn Sie die Blüten farblich passend zur darin stehenden echten Topfpflanze häkeln würden. Oder stimmen Sie die Textilblüten auf Ihre Wohnraumdekoration ab.

Maschenprobe

14 M und 16 R = 10 x 10 cm, wenn glatt re mit 9-mm-Stricknadeln und zweifädig gestrickt wird (Garn A und B gemeinsam). Fürs Filzen ist die Maschenweite aber nicht so wichtig.

Abkürzungen

Siehe Seite 125.

Taschenwand

55 M mit der 8-mm-Rundstricknadel anschlagen, dabei jeweils einen Faden von Garn A und B gemeinsam verstricken. Die Anschlagsreihe zu einer Runde verbinden, diese jedoch keinesfalls verdrehen. Mit einem Maschenmarkierer den Beginn der Runde kennzeichnen.

Runde 1: 1 M re, 1 M li im Wechsel bis vor die letzte M, dann 1 M re.
Runde 2: 1 M li, 1 M re im Wechsel bis vor die letzte M, dann 1 M li.
In diesem Perlmuster fortfahren: dazu Runde 1, Runde 2 und Runde 1 wiederh.
Runde 6: * 10 M re, 2 M aus nächster M herausstr (= 1 M zun), ab * 5-mal wiederh = 60 M.
Zur 9-mm-Rundstricknadel wechseln und 35 Runden glatt re stricken.

Taschenboden

Maschenmarkierer auf re Nadel heben. Für den Boden wie folgt abnehmen:
Runde 42: * 8 M re, 2 M re zusstr. Ab * fortl bis Rd-Ende wiederh = 54 M.
Danach 2 Runden glatt re stricken.
Runde 45: * 7 M re, 2 M re zusstr. Ab * fortl bis Rd-Ende wiederh = 48 M.
Danach 2 Runden glatt re stricken.
Zum 9-mm-Nadelspiel wechseln und wie folgt weiterarbeiten:
Runde 48: Mit der 1. Nadel * 6 M re, 2 M re zusstr. Ab * 2-mal wiederh. Genauso mit der 2. und 3. Nadel weiterarbeiten = 42 M.
Für den Taschenboden mit dem Nadelspiel wie folgt weiterarbeiten:
1 Runde glatt re stricken.
Runde 50: * 5 M re, 2 M re zusstr. Ab * fortl bis Rd-Ende wiederh = 36 M.
Runde 51: * 4 M re, 2 M re zusstr. Ab * fortl bis Rd-Ende wiederh = 30 M.
Runde 52: * 3 M re, 2 M re zusstr. Ab * fortl bis Rd-Ende wiederh = 24 M.
Runde 53: * 2 M re, 2 M re zusstr. Ab * fortl bis Rd-Ende wiederh = 18 M.
Runde 54: * 1 M re, 2 M re zusstr. Ab * fortl bis Rd-Ende wiederh = 12 M.
Runde 55: * 2 M re zusstr. Ab * fortl bis Rd-Ende wiederh = 6 M.
Den Faden bis auf ein 40 cm langes Ende abschneiden, dieses durch die 6 M ziehen, in eine Wollnadel einfädeln und zum Sichern mehrfach durch diese M nähen.

Taschenhenkel

Für den Taschenhenkel mit einem Faden von Garn A und zwei 9-mm-Nadeln des Nadelspiels 4 M anschlagen. Nun 1 Reihe glatt re stricken.
Danach die Nadeln von einer in die andere Hand geben, sodass sich das Gestrick wieder links befindet, jedoch ohne die Nadel zu drehen (der Arbeitsfaden hängt links). Dann die Maschen zum anderen Nadelende schieben und die nächste Reihe stricken,

wobei der hinter den Maschen verlaufende Faden angezogen wird. Die ersten drei oder vier Reihen werden flach ausfallen, doch keine Sorge – danach wird das Gestrick schlauchförmig. Stets vor der ersten Masche einer jeden Reihe sehr kräftig am Faden ziehen, damit er nicht mehr auf der Rückseite sichtbar ist.

Auf diese Weise mit dem Verschieben und Stricken der Maschen fortfahren, bis der Henkel die gewünschte Länge hat. Weil er beim Filzen ungefähr um ein Drittel schrumpft, stricke ich für einen kurzen Handtaschenhenkel in der Regel 50 bis 60 Reihen, für längere Handtaschenhenkel 100 Reihen und für Schulterhenkel 120 bis 140 Reihen. Zum Schluss alle M abketten.

Blätterranken

Mit einem Faden in Apple Green (Pure Wool) und dem 6-mm-Stricknadelpaar 7 M anschlagen.

Reihe 1: * 6 M abketten, die letzte M auf die linke Nadel heben, dann 6 M neu anschlagen. Ab * diesen Vorgang wiederh, um eine Kette aus Blättern anzufertigen. Man kann die Blattlänge variieren, indem man mehr oder weniger M anschlägt; auch dabei stets so viele M abketten, bis jeweils nur eine M übrig ist.

Ist die Blätterranke lang genug, auch die letzte M abketten; den Faden vernähen.

Gehäkelte Blüten

Für eine Blüte mit einem Faden in Yellow (Pure Wool) und mit der 6-mm-Häkelnadel 5 Luftm anschlagen und mit einer Kettm zum Ring verbinden.

Danach mit neuem Faden (Pure Wool) in Cream 10 feste M in den Ring häkeln.
Die erste und letzte feste M mit einer Kettm verbinden.
* 3 Luftm, 3 Stäbchen in die nächste M; 2 Luftm, 1 feste M in die nächste M.
Ab * fortlaufend wiederh, um 5 Blütenblätter zu häkeln.
Letzte M abketten, Faden vernähen, aber ein 50 cm langes Ende hängen lassen.

Fertigstellung

Die Blätterranken um die Tasche drapieren und mit der Wollnadel und passendem Wollgarn festnähen.

Die Blüten mit den jeweiligen Wollgarnenden in gewünschter Position annähen.
Mit einer Wollnadel und Garn A den Henkel von innen gegen den oberen Taschenrand nähen, das Ende sollte ungefähr 1,5 cm von der Oberkante entfernt sein.
Alle Fadenenden vernähen.
Die Tasche zum Filzen in der Maschine waschen (siehe Anleitung auf Seite 123 bis 124). Eventuell einen großen Druckknopf als Verschluss annähen.

Flower Power

Das brauchen Sie

- 150 g Pure Wool (von Knitting4fun) in Lime Green (A)
- 100 g Giotto (von Colinette) in Lagoon 138 (B)
- wenig Garn von Pure Wool (von Knitting4fun) in Turquoise (C)
- Perlen zur Verzierung der Blüten
- Rundstricknadel, 8 mm stark, 40 oder 60 cm lang
- Rundstricknadel, 9 mm stark, 40 cm lang
- Nadelspiel (4-teilig), 9 mm stark
- Häkelnadel, 4 mm stark
- Stricknadelpaar, 6 mm stark
- Wollnadel (oder dicke Stick-, Stopfnadel)
- eventuell großer Druckknopf als Verschluss

Fertige Größe

Die Tasche misst ungefähr 22 cm in der Höhe und 22 cm in der Breite.

Während eines Urlaubs entdeckte ich vor einigen Jahren in einem ortsansässigen Laden ein kleines Lavendelsäckchen aus Seide, das man in den Kleiderschrank hängt. Doch ich fand es zum Verstecken zu schade. Dieses Säckchen regte mich zu diesem Taschenentwurf an.

Ich beschloss, die Tasche in zwei meiner Lieblingsfarben zu gestalten: in Lindgrün und Türkis. Die klaren, frischen Farben wecken in mir das Gefühl von Sommer und Sonne und erinnern mich an meine Auslandsreisen.

Ich mag die Art, wie sich das Wollgarn zusammen mit den Bändchengarnen verfilzt – sie verleihen der Oberfläche einen zarten Schimmer. Einen funkelnden Akzent erhalten die türkisfarbenen Blüten durch die in die Mitte genähten kleinen Kristallperlen.

Machen Sie aus diesem Modell entweder eine Tasche oder einen Beutel, den Sie, gefüllt mit Ihrem Lieblingspotpourri, als Duftquelle in Ihre Wohnung hängen.

Maschenprobe

14 M und 16 R = 10 x 10 cm, wenn glatt re mit 9-mm-Stricknadeln und zweifädig gestrickt wird (Garn A und B gemeinsam). Fürs Filzen ist die Maschenweite aber nicht so wichtig.

Abkürzungen

Siehe Seite 125.

Taschenwand

55 M mit der 8-mm-Rundstricknadel anschlagen, dabei jeweils einen Faden von Garn A und B gemeinsam verstricken. Die Anschlagsreihe zu einer Runde verbinden, diese jedoch keinesfalls verdrehen. Mit einem Maschenmarkierer den Beginn der Runde kennzeichnen.

Runde 1: 1 M re, 1 M li im Wechsel bis vor die letzte M, dann 1 M re.
Runde 2: 1 M li, 1 M re im Wechsel bis vor die letzte M, dann 1 M li.
In diesem Perlmuster fortfahren: dazu Runde 1, Runde 2 und Runde 1 wiederh.
Runde 6: * 10 M re, 2 M aus nächster M herausstr (= 1 M zun), ab * 5-mal wiederh = 60 M.
Zur 9-mm-Rundstricknadel wechseln und 35 Runden glatt re stricken.

Taschenboden

Maschenmarkierer auf re Nadel heben. Für den Boden wie folgt abnehmen:
Runde 42: * 8 M re, 2 M re zusstr. Ab * fortl bis Rd-Ende wiederh = 54 M.
Danach 2 Runden glatt re stricken.
Runde 45: * 7 M re, 2 M re zusstr. Ab * fortl bis Rd-Ende wiederh = 48 M.
Danach 2 Runden glatt re stricken.
Zum 9-mm-Nadelspiel wechseln und wie folgt weiterarbeiten:
Runde 48: Mit der 1. Nadel * 6 M re, 2 M re zusstr. Ab * 2-mal wiederh. Genauso mit der 2. und 3. Nadel weiterarbeiten = 42 M.
Für den Taschenboden mit dem Nadelspiel wie folgt weiterarbeiten:
1 Runde glatt re stricken.
Runde 50: * 5 M re, 2 M re zusstr. Ab * fortl bis Rd-Ende wiederh = 36 M.
Runde 51: * 4 M re, 2 M re zusstr. Ab * fortl bis Rd-Ende wiederh = 30 M.
Runde 52: * 3 M re, 2 M re zusstr. Ab * fortl bis Rd-Ende wiederh = 24 M.
Runde 53: * 2 M re, 2 M re zusstr. Ab * fortl bis Rd-Ende wiederh = 18 M.
Runde 54: * 1 M re, 2 M re zusstr. Ab * fortl bis Rd-Ende wiederh = 12 M.
Runde 55: * 2 M re zusstr. Ab * fortl bis Rd-Ende wiederh = 6 M.
Den Faden bis auf ein 40 cm langes Ende abschneiden, dieses durch die 6 M ziehen, in eine Wollnadel einfädeln und zum Sichern mehrfach durch diese M nähen.

Taschenhenkel

Für den Taschenhenkel mit einem Faden von Garn A und zwei 9-mm-Nadeln des Nadelspiels 4 M anschlagen. Nun 1 Reihe glatt re stricken.

Danach die Nadeln von einer in die andere Hand geben, sodass sich das Gestrick wieder links befindet, jedoch ohne die Nadel zu drehen (der Arbeitsfaden hängt links). Dann die Maschen zum anderen Nadelende schieben und die nächste Reihe stricken, wobei der hinter den Maschen verlaufende Faden angezogen wird. Die ersten drei oder vier Reihen werden flach ausfallen, doch keine Sorge – danach wird das Gestrick schlauchförmig. Stets vor der ersten Masche einer jeden Reihe sehr kräftig am Faden ziehen, damit er nicht mehr auf der Rückseite sichtbar ist.

Auf diese Weise mit dem Verschieben und Stricken der Maschen fortfahren, bis der Henkel die gewünschte Länge hat. Weil er beim Filzen ungefähr um ein Drittel schrumpft, stricke ich für einen kurzen Handtaschenhenkel in der Regel 50 bis 60 Reihen, für längere Handtaschenhenkel 100 Reihen und für Schulterhenkel 120 bis 140 Reihen. Zum Schluss alle M abketten.

Mit einem Faden von Garn C und der 4-mm- Häkelnadel eine Luftmaschenkette häkeln, die so lang ist wie der Taschenhenkel.

Mini-Blüten

Mit einem Faden von Garn C und dem 6-mm-Stricknadelpaar 7 M anschlagen.

Reihe 1: * 6 M abketten, die letzte M auf die linke Nadel heben, dann 6 M neu anschlagen. Ab * diesen Vorgang 5- bis 6-mal wiederh, je nach gewünschter Blütenblätterzahl. Letzte M abketten, den Faden bis auf ein 50 cm langes Ende abschneiden und vernähen. Letzte M abketten, den Faden bis auf ein 50 cm langes Ende abschneiden. Die Blüte zum Ring schließen, dazu den Faden durch die inneren schmalen Blattkanten ziehen. Die Blütenmitte einkräuseln und durch Stiche sichern.

Eine Perle in die Mitte jeder Blüte nähen.

Fertigstellung

Die Blüten mit Hilfe der langen Fadenenden wie gewünscht auf die Tasche nähen. Für den Henkel den gestrickten Schlauch und die Häkelschnur umeinander schlingen und die Enden mit Garn A von innen gegen den oberen Taschenrand nähen, ungefähr 1,5 cm von der Oberkante entfernt. Alle Fadenenden vernähen.

Die Tasche zum Filzen in der Maschine waschen (siehe Anleitung auf Seite 123 bis 124). Eventuell einen großen Druckknopf als Verschluss annähen.

Die klaren, frischen Farben wecken in mir das Gefühl von Sommer und Sonne und erinnern mich an meine Auslandsreisen.

Farbkasten-Tasche

Das brauchen Sie
- insgesamt 400 g Pure Wool (von Knitting4fun): jeweils kleine Mengen in Black (A), Sunshine Yellow (B), Purple (C), Orange (D), Bright Green (E), Red (F), Royal Blue (G), Turquoise (H), Dark Green (I), Fuchsia Pink (J) und Lime Green (K)
- Rundstricknadel, 8 mm stark, 60 cm lang
- Rundstricknadel, 10 mm stark, 80 cm lang
- Nadelspiel (5-teilig), 10 mm stark
- Wollnadel (oder dicke Stick-, Stopfnadel)
- eventuell großer Druckknopf als Verschluss

Fertige Größe
Die Tasche misst ungefähr 28 cm in der Höhe und 30 cm in der Breite.

An einem kalten, trüben Wochenende brachte ich zur Beschäftigung unserer Kinder einen Farbkasten und ein Päckchen Farbkreiden mit. Zum Kreide-Set gehörte auch ein Malbuch mit Mosaikmotiven, die meine Kinder mit fröhlichen, leuchtenden Farben ausfüllten – und so entstand die Idee zu dieser Tasche.

Die Abfolge der Farben habe ich nicht geplant, sondern ich verstrickte sie ganz beliebig: fast wie bei einem Modell im »Freeform Style«. Die großen Noppen arbeitete ich direkt beim Stricken in die Tasche ein. Später jedoch stickte ich Knötchenstiche dazu, um einige Bereiche zu strukturieren und farblich kontrastreicher zu gestalten.

Anfangs stellte ich mir vor, einige Streifen zusätzlich mit leuchtendbunten Knöpfen zu versehen. Doch nachdem ich die Noppen gestrickt und die Knötchenstiche aufgestickt hatte, entschloss ich mich, die Knöpfe für eine andere Tasche aufzuheben.

Maschenprobe

12 M und 14 R = 10 x 10 cm, wenn glatt re mit 10-mm-Stricknadeln und zweifädig gestrickt wird (Garn A). Fürs Filzen ist die Maschenweite aber nicht so wichtig.

Abkürzungen

Nop = Noppe: Mit kontrastfarbenem Garn 3 M aus 1 M herausstr (1 M re, 1 M li, 1 M re). 3 Reihen glatt re über diese 3 M stricken, wenden. 1 dopp Überzug. Die 1 M auf li Nadel heben, mit dem Hauptgarn re abstr. Den Kontrastfaden abschneiden. Seine Enden zum Ausformen der Noppe anziehen, verknoten und vor dem Filzen auf der Noppenrückseite vernähen. Siehe auch Seite 125.

Hinweis: Zweifädig stricken, sofern nicht anders angegeben. Abgeschnittene Fadenenden zwischen den Streifen vor dem Filzen vernähen.

Taschenwand

75 M mit der 8-mm-Rundstricknadel anschlagen, dabei mit dem Garn A zweifädig stricken. Die Anschlagsreihe zu einer Runde verbinden, diese jedoch keinesfalls verdrehen. Mit einem Maschenmarkierer den Beginn der Runde kennzeichnen.

Runde 1: 1 M re, 1 M li im Wechsel bis vor die letzte M, dann 1 M re.
Runde 2: 1 M li, 1 M re im Wechsel bis vor die letzte M, dann 1 M li.
In diesem Perlmuster fortfahren: dazu Runde 1 und 2 noch 2-mal wiederh.
Runde 7: * 14 M re, 2 M aus nächster M herausstr (= 1 M zun).
Ab * 5-mal wiederh = 80 M.
Zur 10-mm-Rundstricknadel wechseln und ab jetzt glatt re stricken.
2 Runden glatt re in Garn B stricken.
Runde 10 (Noppenrunde): * 7 M re in Garn B, nächste M Nop in Garn C. Ab * bis Rd-Ende wiederh.
2 Runden glatt re in Garn B stricken.
3 Runden glatt re in Garn D stricken.
Runde 16: * 4 M re in Garn E, 1 M abh (Garn D). Ab * bis Rd-Ende wiederh.
In der nächsten Runde die Abfolge von Runde 16 wiederh.
2 Runden glatt re in Garn E stricken.
2 Runden glatt re in Garn F stricken.
Runde 22: In Garn F * 8 M re, 1 M aus Querf zun. Ab * bis Rd-Ende wiederh = 90 M.
3 Runden glatt re in Garn G stricken.
Runde 26 (Noppenrunde): * 4 M re in Garn G, nächste M Nop in Garn H. Ab * bis Rd-Ende wiederh.
3 Runden glatt re in Garn G stricken.
3 Runden glatt re in Garn B stricken.
Runde 33: * 4 M re in Garn I, 1 M abh (Garn B). Ab * bis Rd-Ende wiederh.
In der nächsten Runde die Abfolge von Runde 33 wiederh.
3 Runden glatt re in Garn J stricken.
2 Runden glatt re in Garn K stricken.
Runde 40: In Garn C * 9 M re, 1 M aus Querf zun. Ab * bis Rd-Ende wiederh = 100 M.
2 Runden glatt re in Garn C stricken.
Runde 43 (Noppenrunde): * 4 M re in Garn C, nächste M Nop in Garn F; 4 M re in Garn C, nächste M Nop mit nur 1 Faden von Garn D. Ab * bis Rd-Ende wiederh.
2 Runden glatt re in Garn C stricken.
3 Runden glatt re in Garn H stricken.
3 Runden glatt re in Garn B stricken.

Runde 52: * 4 M re in Garn J, 1 M abh (Garn B). Ab * bis Rd-Ende wiederh.
3 Runden glatt re in Garn I stricken.
2 Runden glatt re in Garn E stricken.
Runde 58 (Noppenrunde): * 9 M re in Garn E, nächste M Nop in Garn L. Ab * bis Rd-Ende wiederh.
1 Runde glatt re in Garn E stricken.

Taschenboden

Maschenmarkierer auf re Nadel heben. Für den Boden wie folgt abnehmen:
Runde 60: In Garn E * 8 M re, 2 M re zusstr. Ab * fortl bis Rd-Ende wiederh = 90 M.
3 Runden glatt re in Garn K stricken.
Runde 64: * 2 M re in Garn C, 1 M abh (Garn K). Ab * bis Rd-Ende wiederh.
In den nächsten 2 Runden die Abfolge von Runde 64 wiederh.
1 Runde glatt re in Garn J stricken.
Runde 68: In Garn J * 7 M re, 2 M re zusstr. Ab * fortl bis Rd-Ende wiederh = 80 M.
1 Runde glatt re in Garn G stricken.
Zum 10-mm-Nadelspiel wechseln und wie folgt weiterarbeiten:
Runde 70: Mit der 1. Nadel * 6 M re, 2 M re zusstr. Ab * diese Abfolge 2-mal wiederh mit Nadel 1; genauso mit der 2. Nadel weiterarbeiten (= 21 M pro Nadel). Danach mit der 3. und 4. Nadel diese Abfolge nur jeweils 2-mal stricken (= 14 M pro Nadel, insgesamt = 70 M)
Für den Taschenboden mit dem Nadelspiel wie folgt weiterarbeiten:
1 Runde glatt re in Garn G stricken.
Runde 72: In Garn F * 5 M re, 2 M re zusstr. Ab * fortl bis Rd-Ende wiederh = 60 M.
1 Runde glatt re in Garn F stricken.
Runde 74: In Garn B * 4 M re, 2 M re zusstr. Ab * fortl bis Rd-Ende wiederh = 50 M.
1 Runde glatt re in Garn B stricken.
Runde 76: In Garn G * 3 M re, 2 M re zusstr. Ab * fortl bis Rd-Ende wiederh = 40 M.
Runde 77: In Garn G * 2 M re, 2 M re zusstr. Ab * fortl bis Rd-Ende wiederh = 30 M.
Runde 78: In Garn K * 1 M re, 2 M re zusstr. Ab * fortl bis Rd-Ende wiederh = 20 M.
Runde 79: In Garn K * 2 M re zusstr. Ab * fortl bis Rd-Ende wiederh = 10 M.
Den Faden bis auf ein 40 cm langes Ende abschneiden, durch die 10 M ziehen, in eine Wollnadel einfädeln und zum Sichern mehrfach durch diese M nähen.

Die Abfolge der Farben habe ich nicht geplant, sondern ich verstrickte sie ganz beliebig: fast wie bei einem Modell im »Freeform Style«.

Zwei Taschenhenkel
Für einen Henkel mit zwei Fäden von Garn A und zwei 10 mm starken Nadeln des Nadelspiels 5 M anschlagen.
1 Reihe glatt re stricken.

Danach die Nadeln von einer in die andere Hand geben, sodass sich das Gestrick wieder links befindet, jedoch ohne die Nadel zu drehen (der Arbeitsfaden hängt links). Dann die Maschen zum anderen Nadelende schieben und die nächste Reihe stricken, wobei der hinter den Maschen verlaufende Faden angezogen wird. Die ersten drei oder vier Reihen werden flach ausfallen, doch keine Sorge – danach wird das Gestrick schlauchförmig. Stets vor der ersten Masche einer jeden Reihe sehr kräftig am Faden ziehen, damit er nicht mehr auf der Rückseite sichtbar ist.
Auf diese Weise mit dem Verschieben und Stricken der Maschen fortfahren, bis der Henkel die gewünschte Länge hat. Weil er beim Filzen ungefähr um ein Drittel schrumpft, stricke ich für einen kurzen Handtaschenhenkel in der Regel 50 bis 60 Reihen, für längere Handtaschenhenkel 100 Reihen und für Schulterhenkel 120 bis 140 Reihen. Zum Schluss alle M abketten.

Fertigstellung
Mit einer Wollnadel (oder mit einer dicken Stick- oder Stopfnadel) und einem Wollgarn Ihrer Wahl einige Stickstiche hinzufügen, zum Beispiel Knötchenstiche (das sind die kleinsten Noppen auf der abgebildeten Tasche).
Mit einer Wollnadel und dem Garn A beide Henkel von innen gegen den oberen Taschenrand nähen, das Ende sollte ungefähr 1,5 cm von der Oberkante entfernt sein. Alle Fadenenden vernähen.
Die Tasche zum Filzen in der Maschine waschen (siehe Anleitung auf Seite 123 bis 124). Eventuell einen großen Druckknopf als Verschluss annähen.

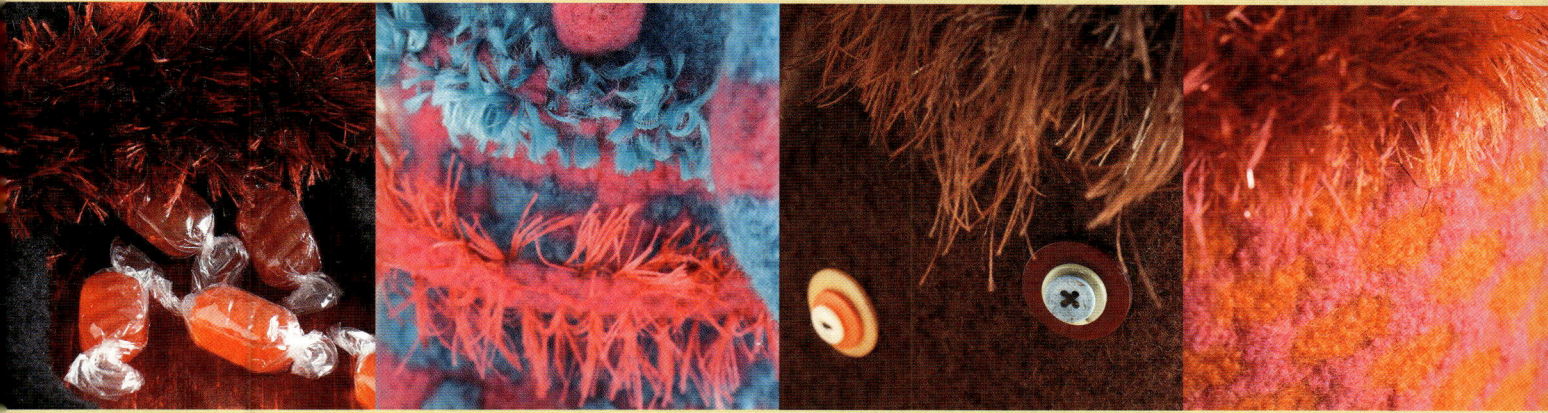

Flache Taschen mit schmalem Boden

Bei diesen Modellen ketten Sie das Gestrick zum Schluss mit drei Stricknadeln ab, um die Naht am Taschenboden zu schließen. Nach dem Filzvorgang ist dieses Abketten fast unsichtbar – Ihre Tasche scheint keine Naht zu besitzen.

Poppige Tasche

Das brauchen Sie
- 250 g Pure Wool (von Knitting4fun) in Turquoise (A)
- 50 g Pizzazz (von Elle) in Carnival 253 (B)
- 50 g Long Eyelash (von Ice) in Fuchsia (C)
- Rundstricknadel, 8 mm stark, 40 oder 60 cm lang
- Rundstricknadel, 10 mm stark, 80 cm lang
- 2 Nadeln aus einem Nadelspiel, 10 mm stark
- Wollnadel (oder dicke Stick-, Stopfnadel)
- eventuell großer Druckknopf als Verschluss

Fertige Größe
Die Tasche misst ungefähr 24 cm in der Höhe und 27 cm in der Breite.

Diese Tasche mit ihren fabelhaft leuchtenden, knalligen Farben gehört zu meinen Lieblingsstücken. Ich mag den dreadlock-artigen Fransenrand, den das Pizzazz-Garn von Elle erzeugt. Dessen Farbstellung passt wunderbar zum türkisfarbenen Wollgarn, das ich für den Taschenbeutel gewählt habe. Das pinkfarbene Eyelash-Garn in Kombination mit dem Pizzazz-Garn sorgt für einen farblichen Kontrast und macht den Rand schön bauschig.

Das Pizzazz-Garn gibt's in allerlei Farbkombinationen, mit den meisten habe ich viele Varianten dieser Tasche gestrickt – denn mich faszinieren wirklich alle Sorten.

Wenn Sie eine andere Farbzusammenstellung als die hier gezeigte bevorzugen, wählen Sie von der Knitting4fun-Wolle eine Farbe aus, die zu einem der Töne Ihres Pizzazz-Garns passt. Auch das Long-Eyelash-Garn von Ice gibt es in vielen Farben. So können Sie nach Herzenslust herumprobieren, bis Sie Ihre individuelle und einzigartige Kombination gefunden haben.

Die Variante »Büchertasche« (siehe Seite 34) kann eine Menge Unterlagen aufnehmen und sieht viel modischer aus als eine Aktentasche. Zudem eignet sie sich für Ihren Laptop – das dicke Garn sorgt für ein gutes Polster.

Maschenprobe

12 M und 14 R = 10 x 10 cm, wenn glatt re mit 10-mm-Stricknadeln und zweifädig gestrickt wird (Garn A). Fürs Filzen ist die Maschenweite aber nicht so wichtig.

Abkürzungen

Siehe Seite 125.

*B und **B : Hinweis auf die Büchertasche (Seite 34).

Taschenwand

65 M mit der 8-mm-Rundstricknadel anschlagen, dabei jeweils einen Faden von A, B und C gemeinsam verstricken.

*B Die Anschlagsreihe zu einer Runde verbinden, diese jedoch auf keinen Fall verdrehen. Mit einem Maschenmarkierer den Beginn der Runde kennzeichnen.

Nun 7 bis 9 oder so viele Runden li M stricken, bis der obere Taschenrand breit genug ist. Linke Maschen bringen die Effektfasern hervorragend auf die rechte Gestrickseite. Die langen Fasern beim Arbeiten nach vorn zupfen, um sie nicht festzustricken. *B Das Mitstricken von Garn B und C beenden, nun zweifädig mit A weiterarbeiten.

Nächste Runde: * 12 M re, 2 M aus nächster M herausstr (= 1 M zun), ab * 5-mal wiederh = 70 M. Zur 10-mm-Rundstricknadel wechseln. Folgendermaßen glatt re weiterstricken: 45 Runden mit zwei Fäden von Garn A stricken.

Taschenboden

Maschenmarkierer auf re Nadel heben. Für den Boden wie folgt abnehmen:

Runde 47: 5 M re, 2 M zusstr, 21 M re, 2 M verschr zusstr, 10 M re, 2 M zusstr, 21 M re, 2 M verschr zusstr, 5 M re = 66 M.

Runde 48: 4 M re, 2 M zusstr, 21 M re, 2 M verschr zusstr, 8 M re, 2 M zusstr, 21 M re, 2 M verschr zusstr, 4 M re = 62 M.

Runde 49: 3 M re, 2 M zusstr, 21 M re, 2 M verschr zusstr, 6 M re, 2 M zusstr, 21 M re, 2 M verschr zusstr, 3 M re = 58 M.

Runde 50: 2 M re, 2 M zusstr, 21 M re, 2 M verschr zusstr, 4 M re, 2 M zusstr, 21 M re, 2 M verschr zusstr, 2 M re = 54 M.

Runde 51: 1 M re, 2 M zusstr, 21 M re, 2 M verschr zusstr, 2 M re, 2 M zusstr, 21 M re, 2 M verschr zusstr, 1 M re = 50 M.

Runde 52: 2 M zusstr, 21 M re, 2 M verschr zusstr, 2 M zusstr, 21 M re, 2 M verschr zusstr = 46 M.

**B Zum Schließen des Bodens die Tasche auf links wenden. Je 23 M auf die Enden der Rundstricknadel schieben. Beide Nadelspitzen nebeneinander halten. Mit einer dritten Stricknadel (genauso stark oder eine Nummer stärker als die Rundstricknadel) die ersten beiden M von jeder Nadel zusstr, dann die zweiten M, nun die erste M über die zweite M ziehen. Auf diese Weise werden die M abgekettet (nicht zu fest) und gleichzeitig wird der Taschenboden geschlossen. Diese Abfolge so oft wiederh, bis alle M abgekettet sind.

Zwei Taschenhenkel

Für einen Henkel mit zwei Fäden von Garn A und zwei 10-mm-Nadeln des Nadelspiels 4 M anschlagen. Nun 1 Reihe glatt re stricken.

Danach die Nadeln von einer in die andere Hand geben, sodass sich das Gestrick wieder links befindet, jedoch ohne die Nadel zu drehen (der Arbeitsfaden hängt links). Dann die Maschen zum anderen Nadelende schieben und die nächste Reihe stricken, wobei der hinter den Maschen verlaufende Faden angezogen wird. Die ersten drei oder vier Reihen werden flach ausfallen, doch keine Sorge – danach wird das Gestrick schlauchförmig. Stets vor der ersten Masche einer jeden Reihe sehr kräftig am Faden ziehen, damit er nicht mehr auf der Rückseite sichtbar ist.

Auf diese Weise mit dem Verschieben und Stricken der Maschen fortfahren, bis der Henkel die gewünschte Länge hat. Weil er beim Filzen ungefähr um ein Drittel schrumpft, stricke ich für einen kurzen Handtaschenhenkel in der Regel 50 bis 60 Reihen, für längere Handtaschenhenkel 100 Reihen und für Schulterhenkel 120 bis 140 Reihen. Zum Schluss alle M abketten.

Fertigstellung

Mit einer Wollnadel und dem Garn A beide Henkel von innen gegen den oberen Taschenrand nähen, das Ende sollte ungefähr 1,5 cm von der Oberkante entfernt sein. Alle Fadenenden vernähen.

Die Tasche zum Filzen in der Maschine waschen (siehe Anleitung auf Seite 123 bis 124). Eventuell einen großen Druckknopf als Verschluss annähen.

> Das Pizzazz-Garn gibt's in allerlei Farbkombinationen, mit den meisten habe ich viele Varianten dieser Tasche gestrickt – denn mich faszinieren wirklich alle Sorten.

Büchertasche

Das brauchen Sie

- 400 g Pure Wool (von Knitting4fun) in Turquoise (A)
- 50 g Park (von Filati FF) in Farbe 45 (B)
- 200 g Catena (von Ice) in Aqua/Green/Blue (C)

Fertige Größe

Die Tasche misst ungefähr 27 cm in der Höhe und 36 cm in der Breite.

Taschenwand

100 M mit der 8-mm-Rundstricknadel anschlagen, dabei jeweils einen Faden von Garn A und B gemeinsam verstricken.

Danach der Anleitung »Poppige Tasche« auf Seite 32 von *B bis *B folgen.

Nun das Mitstricken von Garn B beenden, dieses durch Garn C ersetzen.

Nächste Runde: * 9 M re, 2 M aus nächster M herausstr (= 1 M zun), ab * 10-mal wiederh = 110 M.

Zur 10-mm-Rundstricknadel wechseln und 65 Runden glatt re weiterstricken.

Taschenboden

Maschenmarkierer auf re Nadel heben. Für den Boden wie folgt abnehmen:

7 M re, 2 M zusstr, 37 M re, 2 M verschr zusstr, 14 M re, 2 M zusstr, 37 M re, 2 M verschr zusstr, 7 M re = 106 M.

Runde 67: 6 M re, 2 M zusstr, 37 M re, 2 M verschr zusstr, 12 M re, 2 M zusstr, 37 M re, 2 M verschr zusstr, 6 M re = 102 M.

Runde 68: 5 M re, 2 M zusstr, 37 M re, 2 M verschr zusstr, 10 M re, 2 M zusstr, 37 M re, 2 M verschr zusstr, 5 M re = 98 M.

Runde 69: 4 M re, 2 M zusstr, 37 M re, 2 M verschr zusstr, 8 M re, 2 M zusstr, 37 M re, 2 M verschr zusstr, 4 M re = 94 M.

Runde 70: 3 M re, 2 M zusstr, 37 M re, 2 M verschr zusstr, 6 M re, 2 M zusstr, 37 M re, 2 M verschr zusstr, 3 M re = 90 M.

Runde 71: 2 M re, 2 M zusstr, 37 M re, 2 M verschr zusstr, 4 M re, 2 M zusstr, 37 M re, 2 M verschr zusstr, 2 M re = 86 M.

Runde 72: 1 M re, 2 M zusstr, 37 M re, 2 M verschr zusstr, 2 M re, 2 M zusstr, 37 M re, 2 M verschr zusstr, 1 M re = 82 M.

Runde 73: 2 M zusstr, 37 M re, 2 M verschr zusstr, 2 M zusstr, 37 M re, 2 M verschr zusstr = 78 M.

Danach der Anleitung »Poppige Tasche« auf Seite 32 ab **B folgen, zum Abketten aber je 39 M auf die Enden der Rundstricknadel schieben. Die Tasche fertigstellen.

Flauschrand und Noppen in Orange

Ich bin ein wenig verrückt nach Noppen – ich mag sie einfach. Zu den Farben inspirierte mich eine Jacke, die ich in einem Kaufhaus sah: Mir gefällt das Grau zusammen mit dem flammenden Orange. Diese Tasche ist eine von vielen Flausch-und-Noppen-Taschen, die ich in allen möglichen Farbkombinationen gestaltet habe.

Das Long-Eyelash-Garn von Ice mit seinem an lange Wimpern erinnernden Effekt sorgt für den sehr dicken und luxuriösen Abschluss am oberen Taschenrand.

Ich habe dieses Modell auch schon ohne flauschigen Rand gearbeitet und dafür in den ersten Reihen nur im Perlmuster gestrickt, damit sich der Rand nicht einrollt. Den Strickschnurhenkel kann man, ganz nach persönlichem Bedarf, in unterschiedlicher Länge anfertigen.

Das Abketten mit drei Stricknadeln gibt schließlich einen sauberen Abschluss am Taschenboden, man braucht also fast nicht zu nähen. Die fertig gefilzte, nahtlos wirkende Tasche sieht äußerst gepflegt und professionell aus.

Das brauchen Sie
- 250 g Natural Merino Wool (von Knitting4fun) in Grey (A)
- 50 g Long Eyelash (von Ice) in Orange (B)
- 100 g Pure Wool (von Knitting4fun) in Orange (C)
- Rundstricknadel, 7 mm stark, 60 cm lang
- Rundstricknadel, 10 mm stark, 80 cm lang
- 2 Nadeln aus einem Nadelspiel, 10 mm stark
- Wollnadel (oder dicke Stick-, Stopfnadel)
- eventuell großer Druckknopf als Verschluss

Fertige Größe
Die Tasche misst ungefähr 23 cm in der Höhe und 25 cm in der Breite.

Maschenprobe
12 M und 14 R = 10 x 10 cm, wenn glatt re mit 10 mm starken Stricknadeln und zweifädig gestrickt wird (Garn A).

Flache Taschen mit schmalem Boden

Abkürzungen

Nop = Noppe: Mit 2 Fäden aus kontrastfarbenem Garn 3 M aus 1 M herausstr (1 M re, 1 M li, 1 M re). 3 Reihen glatt re über diese 3 M stricken, wenden. 1 dopp Überzug. Die 1 M auf li Nadel heben, mit dem Hauptgarn re abstr. Den Kontrastfaden abschneiden. Seine Enden zum Ausformen der Noppe anziehen, verknoten und vor dem Filzen auf der Noppenrückseite vernähen.

Als Alternative das Kontrastgarn zunächst auf der Rückseite zwischen den Noppen als Spannfäden mitlaufen lassen und erst nach Beendigung der Noppenreihe durchschneiden.

Für kleine Noppen nur mit 1 Faden des Kontrastgarns und mit 7 mm starken Nadeln stricken; danach für die Grundfarbe wieder zu den 10-mm-Nadeln wechseln. Siehe auch Seite 125.

Taschenwand

70 M mit der 7-mm-Rundstricknadel anschlagen, dabei jeweils einen Faden von Garn A und B gemeinsam verstricken. Die Anschlagsreihe zu einer Runde verbinden, diese jedoch keinesfalls verdrehen. Mit einem Maschenmarkierer den Beginn der Runde kennzeichnen.

Nun 7 bis 9 oder so viele Runden li M stricken, bis der obere Taschenrand breit genug ist. Linke Maschen bringen die Effektfasern gut auf die rechte Gestrickseite. Die langen Fasern beim Arbeiten nach vorn zupfen, um sie nicht festzustricken. Danach das Mitstricken von Garn B beenden und einen zweiten Faden von Garn A hinzunehmen.

Nächste Runde: * 6 M re, 2 M aus nächster M herausstr (= 1 M zun), ab * 10-mal wiederh = 80 M.

Zur 10-mm-Rundstricknadel wechseln, dann 5 Runden glatt re stricken.

Runde 6 (Noppenrunde): * 7 M re, nächste M Nop. Ab * bis Rd-Ende wiederh. 7 Runden glatt re stricken.

Runde 14 (Noppenrunde): 3 M re, * nächste M Nop, 7 M re. Ab * bis vor die letzten 5 M der Runde wiederholen; nächste M Nop, 4 M re. 7 Runden glatt re stricken.

Runde 22 (Noppenrunde): Wie Runde 6 stricken. 7 Runden glatt re stricken.

Runde 30 (Noppenrunde): Wie Runde 14 stricken. 7 Runden glatt re stricken.

Runde 38 (Noppenrunde): Wie Runde 6 stricken. 7 Runden glatt re stricken.

Runde 46 (Noppenrunde): Wie Runde 14 stricken. 5 Runden glatt re stricken.

Taschenboden

Maschenmarkierer auf re Nadel heben. Für den Boden wie folgt abnehmen:

Runde 52: 5 M re, 2 M zusstr, 26 M re, 2 M verschr zusstr, 10 M re, 2 M zusstr, 26 M re, 2 M verschr zusstr, 5 M re = 76 M.

Runde 53: 4 M re, 2 M zusstr, 26 M re, 2 M verschr zusstr, 8 M re, 2 M zusstr, 26 M re, 2 M verschr zusstr, 4 M re = 72 M.

Runde 54: 3 M re, 2 M zusstr, 26 M re, 2 M verschr zusstr, 6 M re, 2 M zusstr, 26 M re, 2 M verschr zusstr, 3 M re = 68 M.

Runde 55: 2 M re, 2 M zusstr, 26 M re, 2 M verschr zusstr, 4 M re, 2 M zusstr, 26 M re, 2 M verschr zusstr, 2 M re = 64 M.

Runde 56: 1 M re, 2 M zusstr, 26 M re, 2 M verschr zusstr, 2 M re, 2 M zusstr, 26 M re, 2 M verschr zusstr, 1 M re = 60 M.

Runde 57: 2 M zusstr, 26 M re, 2 M verschr zusstr, 2 M zusstr, 26 M re, 2 M verschr zusstr = 56 M.

Zum Schließen des Bodens die Tasche auf links wenden. Je 28 M auf die Enden der Rundstricknadel schieben. Beide Nadelspitzen nebeneinander halten. Mit einer dritten Stricknadel (genauso stark oder eine Nummer stärker als die Rundstricknadel) die

Flache Taschen mit schmalem Boden

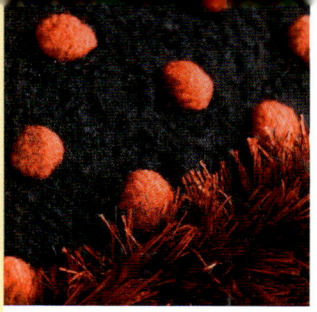

ersten beiden M von jeder Nadel zusstr, dann die zweiten M, nun die erste M über die zweite M ziehen. Auf diese Weise werden die M abgekettet (nicht zu fest) und gleichzeitig wird der Taschenboden geschlossen. Diese Abfolge so oft wiederh, bis alle M abgekettet sind.

Taschenhenkel

Für den Taschenhenkel mit zwei Fäden von Garn A und zwei 10-mm-Nadeln des Nadelspiels 4 M anschlagen. Nun 1 Reihe glatt re stricken.
Danach die Nadeln von einer in die andere Hand geben, sodass sich das Gestrick wieder links befindet, jedoch ohne die Nadel zu drehen (der Arbeitsfaden hängt links). Dann die Maschen zum anderen Nadelende schieben und die nächste Reihe stricken, wobei der hinter den Maschen verlaufende Faden angezogen wird. Die ersten drei oder vier Reihen werden flach ausfallen, doch keine Sorge – danach wird das Gestrick schlauchförmig. Stets vor der ersten Masche einer jeden Reihe sehr kräftig am Faden ziehen, damit er nicht mehr auf der Rückseite sichtbar ist.
Auf diese Weise mit dem Verschieben und Stricken der Maschen fortfahren, bis der Henkel die gewünschte Länge hat. Weil er beim Filzen ungefähr um ein Drittel schrumpft, stricke ich für einen kurzen Handtaschenhenkel in der Regel 50 bis 60 Reihen, für längere Handtaschenhenkel 100 Reihen und für Schulterhenkel 120 bis 140 Reihen. Zum Schluss alle M abketten.

Fertigstellung

Mit einer Wollnadel und Garn A den Henkel von innen gegen den oberen Taschenrand nähen, das Ende sollte ungefähr 1,5 cm von der Oberkante entfernt sein.
Alle Fadenenden vernähen.
Die Tasche zum Filzen in der Maschine waschen (siehe Anleitung auf Seite 123 bis 124). Eventuell einen großen Druckknopf als Verschluss annähen.

Flauschrand und Noppen in Rot

Diese aufregende Variante entstand nach der Anleitung fürs Modell in Grau-Orange, doch Noppen und Flauschrand sind in Rot auf schwarzer Grundfarbe gearbeitet.

> Diese Tasche ist eine von vielen Flausch-und-Noppen-Taschen, die ich in allen möglichen Farbkombinationen gestaltet habe.

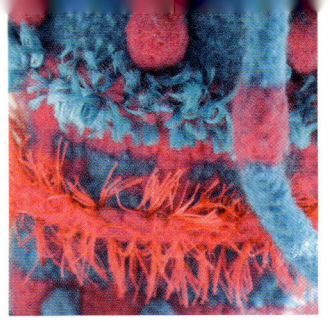

Kreativ mit Wollresten

Das brauchen Sie
- 200 g Pure Wool (von Knitting4fun) (A)
- wenig Fransen-, Feder- und andere Effektgarne
- Rundstricknadel, 8 mm stark, 40 oder 60 cm lang
- Rundstricknadel, 10 mm stark, 80 cm lang
- 2 Nadeln aus einem Nadelspiel, 10 mm stark
- Wollnadel (oder dicke Stick-, Stopfnadel)
- eventuell großer Druckknopf als Verschluss

Fertige Größe
Die Tasche misst ungefähr 20 cm in der Höhe und 20 cm in der Breite.

Maschenprobe
12 M und 14 R = 10 x 10 cm, wenn glatt re mit 10-mm-Stricknadeln und zweifädig gestrickt wird (Garn A). Fürs Filzen ist die Maschenweite aber nicht so wichtig.

Was tun mit all den herumliegenden Garnresten? Ich besaß viele Fransen-, Feder- und Bändchengarne sowie manch andere verrückte Sorten und wollte diese Überbleibsel verwerten. Solche ideenreichen Taschen aus allerlei vorhandenem Material halten prima meine Vorräte im Zaum. Außerdem habe ich mich für Knitting4fun-Wolle in Turquoise und Fuchsia entschieden, weil diese Farben perfekt zu meinen Effektgarnen passten.

Zur reinen Wolle als Grundmaterial habe ich die anderen Garnsorten nach dem Zufallsprinzip hinzugefügt, um Strukturen zu erzeugen: mit Hebemaschen, Noppen und anderen Techniken (siehe auch Seite 123). Alles ist erlaubt, Ihrer Fantasie sind keine Grenzen gesetzt. Schon allein durchs gemeinsame Verstricken eines Woll- und Effektgarns entsteht eine wunderbare Oberfläche. Man braucht auch nicht immer ganze Runden mit dem gewählten Garn zu stricken – lassen Sie den Zufall spielen.

Die Enden der Fäden können Sie außen hängen lassen, anstatt sie zu vernähen oder einzuweben. Auch das schafft interessante, an Troddeln und Fransen erinnernde Effekte. Ein Henkel aus Strickschnur vervollständigt die Tasche, die danach mit weiterem Effektgarn, mit Knöpfen oder Perlen zusätzlich verziert werden kann.

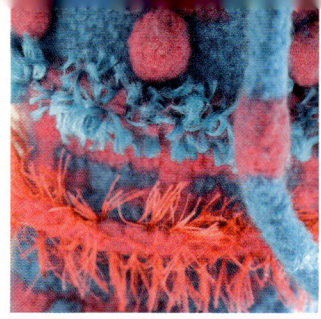

Abkürzungen

Nop = Noppe: Mit 2 Fäden aus kontrastfarbenem Garn 3 M aus 1 M herausstr (1 M re, 1 M li, 1 M re). 3 Reihen glatt re über diese 3 M stricken, wenden. 1 dopp Überzug. Die 1 M auf li Nadel heben, mit dem Hauptgarn re abstr. Den Kontrastfaden abschneiden. Seine Enden zum Ausformen der Noppe anziehen, verknoten und vor dem Filzen auf der Noppenrückseite vernähen.

Als Alternative das Kontrastgarn zunächst auf der Rückseite zwischen den Noppen als Spannfäden mitlaufen lassen und erst nach Beendigung der Noppenreihe durchschneiden.

Für kleine Noppen nur mit 1 Faden des Kontrastgarns und mit 8 mm starken Nadeln stricken; danach für die Grundfarbe wieder zu den 10-mm-Nadeln wechseln.

*R: Hinweis auf die runde Tasche (Seite 44).
Siehe auch Seite 125.

Taschenwand

*R 55 M mit der 8-mm-Rundstricknadel anschlagen, dabei jeweils einen Faden von Garn A und von einem Effektgarn gemeinsam verstricken. Die Anschlagsreihe zu einer Runde verbinden, diese jedoch keinesfalls verdrehen. Mit einem Maschenmarkierer den Beginn der Runde kennzeichnen.

Nun 6 oder so viele Runden li M stricken, bis der obere Taschenrand breit genug ist. Linke Maschen bringen die Effektfasern gut auf die rechte Gestrickseite. Die langen Fasern beim Arbeiten nach vorn zupfen, um sie nicht festzustricken.

Danach das Mitstricken des Effektgarns beenden und einen zweiten Faden von Garn A hinzunehmen.

Runde 7: * 10 M re, 2 M aus nächster M herausstr (= 1 M zun), ab * 5-mal wiederh = 60 M. Zur 10-mm-Rundstricknadel wechseln und ab jetzt glatt re stricken.
35 Runden stricken, in welchem Muster auch immer. *R
Hier einige Vorschläge:

Effektgarne

Sobald Sie Fransen- oder Federgarn verstricken, sollten Sie linke Maschen stricken, denn sie bringen die Effektfasern gut auf die rechte Gestrickseite.

Noppen

Noppenrunde: * 5 M re, nächste M Nop in kontrastfarbenem Garn. Ab * bis Rd-Ende wiederh.

Versetzte Hebemaschen-Runden

2 Runden nur re M stricken.
Runde 3: * 5 M re, 1 M abh. Ab * bis Rd-Ende wiederh.
Runde 4: Wie Runde 3 stricken.
Ganz nach Wunsch eine andere Hebemaschenrunde hinzufügen und die Garnfarbe wechseln.
Runde 5: 2 M re, 1 M abh, * 5 M re, 1 M abh. Ab * bis 3 M vor Rd-Ende wiederh, dann 3 M re.

Taschenboden

Maschenmarkierer auf re Nadel heben. Für den Boden wie folgt abnehmen:
Runde 43: 3 M re, 2 M zusstr, 20 M re, 2 M verschr zusstr, 6 M re, 2 M zusstr, 20 M re, 2 M verschr zusstr, 3 M re = 56 M.
Runde 44: 2 M re, 2 M zusstr, 20 M re, 2 M verschr zusstr, 4 M re, 2 M zusstr, 20 M re, 2 M verschr zusstr, 2 M re = 52 M.

Flache Taschen mit schmalem Boden

Runde 45: 1 M re, 2 M zusstr, 20 M re, 2 M verschr zusstr, 2 M re, 2 M zusstr, 20 M re, 2 M verschr zusstr, 1 M re = 48 M.
Runde 46: 2 M zusstr, 20 M re, 2 M verschr zusstr, 2 M zusstr, 20 M re, 2 M verschr zusstr = 44 M.

Zum Schließen des Bodens die Tasche auf links wenden. Je 22 M auf die Enden der Rundstricknadel schieben. Beide Nadelspitzen nebeneinander halten. Mit einer dritten Stricknadel (genauso stark oder eine Nummer stärker als die Rundstricknadel) die ersten beider M von jeder Nadel zusstr, dann die zweiten M, nun die erste M über die zweite M ziehen. Auf diese Weise werden die M abgekettet (nicht zu fest) und gleichzeitig wird der Taschenboden geschlossen. Diese Abfolge so oft wiederh, bis alle M abgekettet sind.

Taschenhenkel

Für den Taschenhenkel mit zwei Fäden von Garn A und zwei 10-mm-Nadeln des Nadelspiels 3 M anschlagen. Nun 1 Reihe glatt re stricken.
Danach die Nadeln von einer in die andere Hand geben, sodass sich das Gestrick wieder links befindet, jedoch ohne die Nadel zu drehen (der Arbeitsfaden hängt links). Dann die Maschen zum anderen Nadelende schieben und die nächste Reihe stricken, wobei der hinter den Maschen verlaufende Faden angezogen wird. Die ersten drei oder vier Reihen werden flach ausfallen, doch keine Sorge – danach wird das Gestrick schlauchförmig. Stets vor der ersten Masche einer jeden Reihe sehr kräftig am Faden ziehen, damit er nicht mehr auf der Rückseite sichtbar ist.
Auf diese Weise mit dem Verschieben und Stricken der Maschen fortfahren, bis der Henkel die gewünschte Länge hat. Weil er beim Filzen ungefähr um ein Drittel schrumpft, stricke ich für einen kurzen Handtaschenhenkel in der Regel 50 bis 60 Reihen, für längere Handtaschenhenkel 100 Reihen und für Schulterhenkel 120 bis 140 Reihen. Zum Schluss alle M abketten.
Soll der Henkel gestreift werden, wickeln Sie eine gehäkelte Schnur um die gestrickte (siehe Seite 21). Oder Sie fertigen eine Kordel aus zwei oder mehreren gehäkelten Schnüren oder aus Strickliesel-Schnüren an.

Fertigstellung

Mit einer Wollnadel und Garn A den Henkel von innen gegen den oberen Taschenrand nähen, das Ende sollte ungefähr 1,5 cm von der Oberkante entfernt sein.
Alle Fadenenden vernähen.
Die Tasche zum Filzen in der Maschine waschen (siehe Anleitung auf Seite 123 bis 124). Eventuell einen großen Druckknopf als Verschluss annähen.

> Alles ist erlaubt, Ihrer Fantasie sind keine Grenzen gesetzt. Schon allein durchs gemeinsame Verstricken eines Woll- und Effektgarns entsteht eine wunderbare Oberfläche.

Runde Restetasche

Zuerst nach der Anleitung »Kreative Tasche aus Wollresten« auf Seite 42 stricken: von *R bis *R.

Taschenboden

Maschenmarkierer auf re Nadel heben. Für den Boden wie folgt abnehmen:

Runde 43: * 8 M re, 2 M re zusstr. Ab * fortl bis Rd-Ende wiederh = 54 M.
Danach 2 Runden glatt re stricken.
Runde 46: * 7 M re, 2 M re zusstr. Ab * fortl bis Rd-Ende wiederh = 48 M.
Danach 1 Runde glatt re stricken.
Zum 10-mm-Nadelspiel wechseln und wie folgt weiterarbeiten:
Runde 48: Mit der 1. Nadel * 6 M re, 2 M re zusstr. Ab * 1-mal wiederh. Genauso mit der 2. und 3. Nadel weiterarbeiten = 42 M.
Für den Taschenboden mit dem Nadelspiel wie folgt weiterarbeiten:
1 Runde glatt re stricken.
Runde 50: * 5 M re, 2 M re zusstr. Ab * fortl bis Rd-Ende wiederh = 36 M.
Runde 51: * 4 M re, 2 M re zusstr. Ab * fortl bis Rd-Ende wiederh = 30 M.
Runde 52: * 3 M re, 2 M re zusstr. Ab * fortl bis Rd-Ende wiederh = 24 M.
Runde 53: * 2 M re, 2 M re zusstr. Ab * fortl bis Rd-Ende wiederh = 18 M.
Runde 54: * 1 M re, 2 M re zusstr. Ab * fortl bis Rd-Ende wiederh = 12 M.
Runde 55: * 2 M re zusstr. Ab * fortl bis Rd-Ende wiederh = 6 M.
Den Faden bis auf ein 40 cm langes Ende abschneiden, dieses durch die 6 M ziehen, in eine Wollnadel einfädeln und zum Sichern mehrfach durch diese M nähen.
Den Henkel nach der Anleitung der Tasche »Kreativ mit Wollresten« (Seite 42 bis 43) anfertigen und befestigen.

Flache Taschen mit schmalem Boden

Retro-Knöpfe-Tasche

Das brauchen Sie

- 250 g Pure Wool (von Knitting4fun) in Brown (A)
- 50 g Cancan (von Katia) in Brown (B)
- Rundstricknadel, 8 mm stark, 60 cm lang
- Rundstricknadel, 10 mm stark, 60 oder 80 cm lang
- 2 Nadeln aus einem Nadelspiel, 10 mm stark
- Wollnadel (oder dicke Stick-, Stopfnadel)
- Knöpfe zur Dekoration
- Nähnadel und -garn
- eventuell großer Druckknopf als Verschluss

Fertige Größe

Die Tasche misst ungefähr 24 cm in der Höhe und 25 cm in der Breite.

Liebevolle Erinnerungen tauchen auf, wenn ich die Knopfdose meiner Großmutter durchsuche, und ich habe vermutlich einige der schönsten Exemplare geerbt. Was tun mit all diesen Knöpfen, vor allem mit den kostbaren, an denen Erinnerungen hängen? Es wäre zu schade, sie in Dosen, Schachteln und Schubladen zu verstecken. Jetzt nähe ich sie auf meine Taschen. Viele meiner Modelle sind mit alten und neuen Knöpfen verziert.

Man kann die Knöpfe gestapelt verarbeiten, so wird das Dekor plastischer und vielfarbiger. Die weniger interessanten kommen in die untere Lage. Machen Sie sich also den Spaß, Ihre Sammlung ungenutzter Knöpfe aufzubrauchen. Wenn Sie sich an einer solchen Tasche sattgesehen haben, können Sie sie später immer noch abschneiden und anderweitig nutzen.

Ich nähe die Knöpfe erst nach dem Filzen an. Denn als ich erstmals solch eine Tasche machte, plante ich die Position der Knöpfe ganz exakt. Ungefähr drei Stunden brauchte ich, um beim Annähen genau die Abstände einzuhalten und die Farben zu arrangieren – doch ich vergaß, dass sich Abstände beim Filzen ändern können. So musste ich einige Knöpfe abschneiden und neu positioniert annähen, bis mir das Ergebnis zusagte.

Maschenprobe

12 M und 14 R = 10 x 10 cm, wenn glatt re mit 10-mm-Stricknadeln und zweifädig gestrickt wird (Garn A). Fürs Filzen ist die Maschenweite aber nicht so wichtig.

Abkürzungen

Siehe Seite 125.

Taschenwand

65 M mit der 8-mm-Rundstricknadel anschlagen, dabei jeweils einen Faden von A und B gemeinsam verstricken. Die Anschlagsreihe zu einer Runde verbinden, diese jedoch keinesfalls verdrehen. Mit einem Maschenmarkierer den Beginn der Runde kennzeichnen.

Nun 8 oder so viele Runden li M stricken, bis der obere Taschenrand breit genug ist. Linke Maschen bringen die Effektfasern gut auf die rechte Gestrickseite. Die langen Fasern beim Arbeiten nach vorn zupfen, um sie nicht festzustricken.

Das Mitstricken von Garn B beenden, nun zweifädig mit Garn A weiterarbeiten.

Runde 9: * 12 M re, 2 M aus nächster M herausstr (= 1 M zun), ab * 5-mal wiederh = 70 M. Zur 10-mm-Rundstricknadel wechseln, dann 45 Runden glatt re mit zwei Fäden von Garn A stricken.

Taschenboden

Maschenmarkierer auf re Nadel heben. Für den Boden wie folgt abnehmen:

Runde 55: 5 M re, 2 M zusstr, 21 M re, 2 M verschr zusstr, 10 M re, 2 M zusstr, 21 M re, 2 M verschr zusstr, 5 M re = 66 M.

Runde 56: 4 M re, 2 M zusstr, 21 M re, 2 M verschr zusstr, 8 M re, 2 M zusstr, 21 M re, 2 M verschr zusstr, 4 M re = 62 M.

Runde 57: 3 M re, 2 M zusstr, 21 M re, 2 M verschr zusstr, 6 M re, 2 M zusstr, 21 M re, 2 M verschr zusstr, 3 M re = 58 M.

Runde 58: 2 M re, 2 M zusstr, 21 M re, 2 M verschr zusstr, 4 M re, 2 M zusstr, 21 M re, 2 M verschr zusstr, 2 M re = 54 M.

Runde 59: 1 M re, 2 M zusstr, 21 M re, 2 M verschr zusstr, 2 M re, 2 M zusstr, 21 M re, 2 M verschr zusstr, 1 M re = 50 M.

Runde 60: 2 M zusstr, 21 M re, 2 M verschr zusstr, 2 M zusstr, 21 M re, 2 M verschr zusstr = 46 M.

Zum Schließen des Bodens die Tasche auf links wenden. Je 23 M auf die Enden der Rundstricknadel schieben. Beide Nadelspitzen nebeneinander halten. Mit einer dritten Stricknadel (genauso stark oder eine Nummer stärker als die Rundstricknadel) die ersten beiden M von jeder Nadel zusstr, dann die zweiten M, nun die erste M über die zweite M ziehen. Auf diese Weise werden die M abgekettet (nicht zu fest) und gleichzeitig wird der Taschenboden geschlossen. Diese Abfolge so oft wiederh, bis alle M abgekettet sind.

Zwei Taschenhenkel

Für einen Henkel mit zwei Fäden von Garn A und zwei 10 mm starken Nadeln des Nadelspiels 4 M anschlagen. Nun 1 Reihe glatt re stricken.

Flache Taschen mit schmalem Boden

Danach die Nadeln von einer in die andere Hand geben, sodass sich das Gestrick wieder links befindet, jedoch ohne die Nadel zu drehen (der Arbeitsfaden hängt links). Dann die Maschen zum anderen Nadelende schieben und die nächste Reihe stricken, wobei der hinter den Maschen verlaufende Faden angezogen wird. Die ersten drei oder vier Reihen werden flach ausfallen, doch keine Sorge – danach wird das Gestrick schlauchförmig. Stets vor der ersten Masche einer jeden Reihe sehr kräftig am Faden ziehen, damit er nicht mehr auf der Rückseite sichtbar ist.
Auf diese Weise mit dem Verschieben und Stricken der Maschen fortfahren, bis der Henkel die gewünschte Länge hat. Weil er beim Filzen ungefähr um ein Drittel schrumpft, stricke ich für einen kurzen Handtaschenhenkel in der Regel 50 bis 60 Reihen, für längere Handtaschenhenkel 100 Reihen und für Schulterhenkel 120 bis 140 Reihen. Zum Schluss alle M abketten.

Fertigstellung

Mit einer Wollnadel und dem Garn A beide Henkel von innen gegen den oberen Taschenrand nähen, das Ende sollte ungefähr 1,5 cm von der Oberkante entfernt sein. Alle Fadenenden vernähen.
Die Tasche zum Filzen in der Maschine waschen (siehe Anleitung auf Seite 123 bis 124). Eventuell einen großen Druckknopf als Verschluss annähen.
Mit Nadel und Faden die Knöpfe auf die gefilzte Tasche nähen, dabei ganz nach Belieben die Knöpfe einzeln oder gestapelt befestigen.

Was tun mit all diesen Knöpfen, vor allem mit den kostbaren, an denen Erinnerungen hängen? Es wäre zu schade, sie in Dosen, Schachteln und Schubladen zu verstecken.

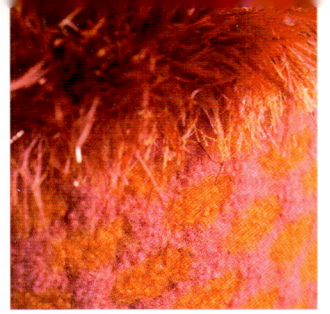

Wabenmuster mit Hebemaschen

Das brauchen Sie
- 150 g Pure Wool (von Knitting4fun) in Fuchsia (A)
- je 50 g Long Eyelash (von Ice) in Fuchsia 4112 und Orange 8814 (B und C)
- 150 g Pure Wool (von Knitting4fun) in Orange (D)
- Rundstricknadel, 8 mm stark, 60 cm lang
- Rundstricknadel, 10 mm stark, 60 oder 80 cm lang
- Stricknadelpaar, 8 mm stark
- Kunststoff-Taschengriffe (Paar)
- Wollnadel (oder dicke Stick-, Stopfnadel)
- Knöpfe zur Dekoration
- Nähnadel und -garn
- eventuell großer Druckknopf als Verschluss

Fertige Größe
Die Tasche misst ungefähr 25 cm in der Höhe und 27 cm in der Breite.

Das Outfit eines asiatischen Mädchens, das ich in Goa (Indien) traf, inspirierte mich zu dieser Tasche. Die warmen Farben seines Saris, Pink und Orange, erstrahlten im Sonnenlicht. So fiel mein Entschluss, eine Tasche in ähnlichen Tönen zu gestalten, um diese großartige Erinnerung lebendig zu halten.

Das Wabenmotiv lässt sich mit einem Hebemaschenmuster erzeugen. Für den oberen Rand habe ich zwei verschiedene Nuancen des Long-Eyelash-Garns gewählt, um Pink und Orange zu vermischen. So erhielt ich den üppigen oberen Abschluss, schattiert in diesen zwei lebendigen Farben.

Die Kunststoffgriffe ergänzen perfekt das Design und die Farbzusammenstellung. Natürlich können Sie auch Henkel aus Strickschnur anfertigen – so wie bei dem Modell »Purpur pur« (siehe Seite 10).

Diese Tasche kann in diversen Farbkombinationen gearbeitet werden, passend zu jedem Outfit. Als Alternativdesign ist die Verwendung mehrerer kontrastreicher Farben für das Wabenmuster denkbar, dabei kann sogar der Effekt eines bunten Glasfensters entstehen.

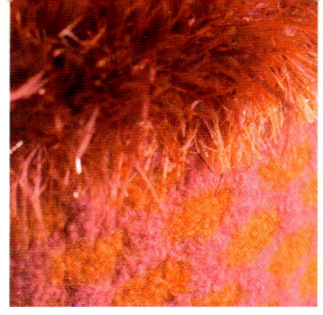

Maschenprobe

12 M und 14 R = 10 x 10 cm, wenn glatt re mit 10-mm-Stricknadeln und zweifädig gestrickt wird (Garn A). Fürs Filzen ist die Maschenweite aber nicht so wichtig.

Abkürzungen

Siehe Seite 125.

Taschenwand

80 M mit der 8-mm-Rundstricknadel anschlagen, dabei jeweils einen Faden von Garn A und B gemeinsam verstricken. Die Anschlagsreihe zu einer Runde verbinden, diese jedoch keinesfalls verdrehen. Mit einem Maschenmarkierer den Beginn der Runde kennzeichnen.

Nun 8 oder so viele Runden li M stricken, bis der obere Taschenrand breit genug ist. Dazu in jeder Runde abwechselnd je einen Faden von Garn A und C oder einen von A und B gemeinsam verstricken. Linke Maschen bringen die Effektfasern gut auf die rechte Gestrickseite. Die langen Fasern beim Arbeiten nach vorn zupfen, um sie nicht festzustricken.

Danach das Mitstricken des Effektgarns B und C beenden, dafür einen zweiten Faden von Garn A hinzunehmen.

Runde 9 : * 9 M re, 2 M aus nächster M herausstr (= 1 M zun), ab * 8-mal wiederh = 88 M.

Zur 10-mm-Rundstricknadel wechseln.

Das **Wabenmuster** mit zwei Fäden entweder von Garn A oder Garn D stricken (wie jeweils angegeben). Nicht mitgestrickte Fäden bei den Hebemaschen auf der Rückseite mitlaufen lassen.

Runde 1 und 2: Nur re M in Garn A stricken.

Runde 3: * 2 M abh, 6 M re. Ab * bis Rd-Ende wiederh.

Runde 3 danach 5-mal wiederh.

Runde 9 und 10: Nur re M in Garn A stricken.

Runde 11: 4 M re in Garn D, * 2 M abh, 6 M re in Garn D. Ab * bis 4 M vor Rd-Ende wiederh, dann 2 M abh, 2 M re.

Runde 11 danach 5-mal wiederh.

Diese 16 Runden sind ein Rapport des Wabenmusters. Diesen Rapport aus 16 Runden noch 3-mal wiederh, dann Runde 1 bis 10 ein letztes Mal stricken.

Danach das Mitstricken von Garn D beenden, dafür einen zweiten Faden von Garn A hinzunehmen.

Taschenboden

Maschenmarkierer auf re Nadel heben. Für den Boden wie folgt abnehmen:

Runde 75: 5 M re, 2 M zusstr, 30 M re, 2 M verschr zusstr, 10 M re, 2 M zusstr, 30 M re, 2 M verschr zusstr, 5 M re = 84 M.

Runde 76: 4 M re, 2 M zusstr, 30 M re, 2 M verschr zusstr, 8 M re, 2 M zusstr, 30 M re, 2 M verschr zusstr, 4 M re = 80 M.

Runde 77: 3 M re, 2 M zusstr, 30 M re, 2 M verschr zusstr, 6 M re, 2 M zusstr, 30 M re, 2 M verschr zusstr, 3 M re = 76 M.

Runde 78: 2 M re, 2 M zusstr, 30 M re, 2 M verschr zusstr, 4 M re, 2 M zusstr, 30 M re, 2 M verschr zusstr, 2 M re = 72 M.
Runde 79: 1 M re, 2 M zusstr, 30 M re, 2 M verschr zusstr, 2 M re, 2 M zusstr, 30 M re, 2 M verschr zusstr, 1 M re = 68 M.
Runde 80: 2 M zusstr, 30 M re, 2 M verschr zusstr, 2 M zusstr, 30 M re, 2 M verschr zusstr = 64 M.
Zum Schließen des Bodens die Tasche auf links wenden. Je 32 M auf die Enden der Rundstricknadel schieben. Beide Nadelspitzen nebeneinander halten. Mit einer dritten Stricknadel (genauso stark oder eine Nummer stärker als die Rundstricknadel) die ersten beiden M von jeder Nadel zusstr, dann die zweiten M, nun die erste M über die zweite M ziehen. Auf diese Weise werden die M abgekettet (nicht zu fest) und gleichzeitig wird der Taschenboden geschlossen. Diese Abfolge so oft wiederh, bis alle M abgekettet sind.

Vier Griffschlaufen
Für eine Griffschlaufe 4 M mit einem Faden von Garn A und 8-mm-Stricknadeln anschlagen. Nun 8 Reihen re M stricken, danach abketten.

Fertigstellung
Zunächst den Abstand zwischen den beiden Schlitzen eines Kunststoff-Taschengriffs ausmessen. Die Position für die Schlaufen mit Stecknadeln entsprechend auf der Innenseite der Tasche markieren. Mit der Wollnadel und einem Faden von Garn A je eine Schmalseite der Schlaufen an diesen Markierungen annähen, etwa 1 cm unterhalb der Taschenkante. Die freien Schlaufenenden durch die Schlitze der Griffe ziehen und ebenfalls innen festnähen, etwa 1 cm unterm anderen Ende.
Die Griffe fest mit Luftpolsterfolie umwickeln und in die Tasche klappen (rechte Taschenseite außen); das schützt sie beim Filzvorgang in der Waschmaschine. Gegen das Herausklappen die Taschenöffnung mit einer Sicherheitsnadel schließen. Taschengriffe aus Holz, Bambus oder perlenverzierte Modelle sollten nicht dem Waschzyklus ausgesetzt werden, sondern man näht zuerst nur je ein Ende der vier Griffschlaufen wie oben beschrieben fest. Danach die Tasche filzen und dann erst die freien Enden der Schlaufen durch die Griffschlitze ziehen und festnähen.
Alle Fadenenden vernähen.
Die Tasche zum Filzen in der Maschine waschen (siehe Anleitung auf Seite 123 bis 124). Eventuell einen großen Druckknopf als Verschluss annähen.

Das Outfit eines asiatischen Mädchens, das ich in Goa (Indien) traf, inspirierte mich zu dieser Tasche. Die warmen Farben seines Saris, Pink und Orange, strahlten im Sonnenlicht.

Variationen in Form und Dekor

Mit ihrer besonderen Formgebung an der Oberkante oder im Bodenbereich sind diese Taschen gleichermaßen elegante wie nützliche Begleiter. Nehmen Sie das passende Modell mit, wenn Sie in der Freizeit lässig mit Jeans unterwegs sind oder wenn Sie ein schickes Kostüm tragen – in beiden Fällen können Sie sich damit sehen lassen.

Rote Wolle mit Bändchengarn

Das brauchen Sie

- 100 g Pure Wool (von Knitting4fun) in Red (A)
- 100 g Giotto (von Colinette) in Fire 71 (B)
- Rundstricknadel, 8 mm stark, 60 cm lang
- Rundstricknadel, 10 mm stark, 60 cm lang
- 2 Nadeln aus einem Nadelspiel, 10 mm stark
- Stricknadelpaar, 8 mm stark
- Wollnadel (oder dicke Stick-, Stopfnadel)
- Zierknopf in Blütenform
- Nähnadel und -garn
- eventuell großer Druckknopf als Verschluss

Fertige Größe

Die Tasche misst ungefähr 18 cm in der Höhe und 23 cm in der Breite.

Diese reizvolle Tasche entwarf ich für einen Teenager: Die Tochter eines Freundes war im Sommer zu einer Gartenparty eingeladen. Die Wolle stimmte ich farblich auf das Kleid ab, das sie an diesem Tag tragen wollte.

Die schön abgestuften Farben des handgefärbten Bändchengarns von Colinette sind wirklich bezaubernd und passen wunderbar zur roten Wolle. Nach dem Filzen der Tasche zeigt sich der tweedstoffähnliche, leicht schimmernde Effekt, den das Bändchengarn erzeugt hat und den ich sehr bewundere.

Die aus Bändchengarn gestrickte Blüte ist auf eine Broschenplatine genäht, so kann man sie auch ans Kleid oder an die Jacke stecken, falls man sie nicht an der Tasche lassen möchte. Für den perfekt abgestimmten Look stellen Sie einfach zwei Exemplare her – eine zur Verzierung der Tasche und eine als Ansteckblüte.

Maschenprobe

12 M und 14 R = 10 x 10 cm, wenn glatt re mit 10-mm-Stricknadeln und zweifädig gestrickt wird (Garn A und B gemeinsam). Fürs Filzen ist die Maschenweite aber nicht so wichtig.

Abkürzungen

Siehe Seite 125.

Taschenwand

65 M mit der 8-mm-Rundstricknadel anschlagen, dabei jeweils einen Faden von Garn A und B gemeinsam verstricken. Die Anschlagsreihe zu einer Runde verbinden, diese jedoch keinesfalls verdrehen. Mit einem Maschenmarkierer den Beginn der Runde kennzeichnen.

Runde 1: 1 M re, 1 M li im Wechsel bis vor die letzte M, dann 1 M re.

Runde 2: 1 M li, 1 M re im Wechsel bis vor die letzte M, dann 1 M li.

In diesem Perlmuster fortfahren: dazu Runde 1, Runde 2 und Runde 1 wiederh.

Runde 6: * 12 M re, 2 M aus nächster M herausstr (= 1 M zun), ab * 5-mal wiederh = 70 M. Zur 10-mm-Rundstricknadel wechseln und 10 Runden glatt re stricken. Maschenmarkierer auf re Nadel heben. Die Taschenwand wie folgt weiterarbeiten:

Runde 17: 3 M re, 1 M aus Querf zun, 29 M re, 1 M aus Querf zun, 6 M re, 1 M aus Querf zun, 29 M re, 1 M aus Querf zun, 3 M re = 74 M.

Danach 10 Runden glatt re stricken.

Runde 28: 4 M re, 1 M aus Querf zun, 29 M re, 1 M aus Querf zun, 8 M re, 1 M aus Querf zun, 29 M re, 1 M aus Querf zun, 4 M re = 78 M.

Danach 10 Runden glatt re stricken.

Runde 39: 5 M re, 1 M aus Querf zun, 29 M re, 1 M aus Querf zun, 10 M re, 1 M aus Querf zun, 29 M re, 1 M aus Querf zun, 5 M re = 82 M.

Danach 15 Runden glatt re stricken.

Taschenboden

Maschenmarkierer auf re Nadel heben. Für den Boden wie folgt abnehmen:

Runde 55: 5 M re, 2 M zusstr, 27 M re, 2 M verschr zusstr, 10 M re, 2 M zusstr, 27 M re, 2 M verschr zusstr, 5 M re = 78 M.

Runde 56: 4 M re, 2 M zusstr, 27 M re, 2 M verschr zusstr, 8 M re, 2 M zusstr, 27 M re, 2 M verschr zusstr, 4 M re = 74 M.

Runde 57: 3 M re, 2 M zusstr, 27 M re, 2 M verschr zusstr, 6 M re, 2 M zusstr, 27 M re, 2 M verschr zusstr, 3 M re = 70 M.

Runde 58: 2 M re, 2 M zusstr, 27 M re, 2 M verschr zusstr, 4 M re, 2 M zusstr, 27 M re, 2 M verschr zusstr, 2 M re = 66 M.

Runde 59: 1 M re, 2 M zusstr, 27 M re, 2 M verschr zusstr, 2 M re, 2 M zusstr, 27 M re, 2 M verschr zusstr, 1 M re = 62 M.

Runde 60: 2 M zusstr, 27 M re, 2 M verschr zusstr, 2 M zusstr, 27 M re, 2 M verschr zusstr = 58 M.

Zum Schließen des Bodens die Tasche auf links wenden. Je 29 M auf die Enden der Rundstricknadel schieben. Beide Nadelspitzen nebeneinander halten. Mit einer dritten Stricknadel (genauso stark oder eine Nummer stärker als die Rundstricknadel) die ersten beiden M von jeder Nadel zusstr, dann die zweiten M, nun die erste M über die zweite M ziehen. Auf diese Weise werden die M abgekettet (nicht zu fest) und gleichzeitig wird der Taschenboden geschlossen. Diese Abfolge so oft wiederh, bis alle M abgekettet sind.

Blüte
63 M mit 8-mm-Stricknadeln und einem Faden von Garn B anschlagen.
Reihe 1 (Hinreihe): Nur re M stricken.
Reihe 2 (Rückreihe): 1 M li, 2 M li zusstr, 1 M li, 2 M li verschr zusstr, * 3 M li, 2 M li zusstr, 1 M li, 2 M li verschr zusstr. Ab * wiederh bis vor die letzte M; 1 M li = 47 M.
Reihe 3: * 1 Überzug, 1 M re, 2 M re zusstr, 1 M re. Ab * fortl wiederh bis vor die letzten 5 M; 1 Überzug, 1 M re, 2 M re zusstr = 31 M.
Reihe 4: 3 M li zusstr, * 1 M li, 3 M li zusstr. Ab * fortl wiederh bis Reih-Ende = 15 M.
Reihe 5: 1 dopp Überzug, * 1 M re, 1 dopp Überzug. Ab * fortl wiederh bis Reih-Ende = 7 M. Den Faden bis auf ein 40 cm langes Ende abschneiden, fest durch die letzten M ziehen, in eine Wollnadel einfädeln und die Ränder zur Blüte schließen.

Zwei Taschenhenkel
Für einen Henkel mit zwei Fäden von Garn A und zwei 10 mm starken Nadeln des Nadelspiels 3 M anschlagen. Nun 1 Reihe glatt re stricken.
Danach die Nadeln von einer in die andere Hand geben, sodass sich das Gestrick wieder links befindet, jedoch ohne die Nadel zu drehen (der Arbeitsfaden hängt links). Dann die Maschen zum anderen Nadelende schieben und die nächste Reihe stricken, wobei der hinter den Maschen verlaufende Faden angezogen wird. Die ersten drei oder vier Reihen werden flach ausfallen, doch keine Sorge – danach wird das Gestrick schlauchförmig. Stets vor der ersten Masche einer jeden Reihe sehr kräftig am Faden ziehen, damit er nicht mehr auf der Rückseite sichtbar ist.
Auf diese Weise mit dem Verschieben und Stricken der Maschen fortfahren, bis der Henkel die gewünschte Länge hat. Weil er beim Filzen ungefähr um ein Drittel schrumpft, stricke ich für einen kurzen Handtaschenhenkel in der Regel 50 bis 60 Reihen, für längere Handtaschenhenkel 100 Reihen und für Schulterhenkel 120 bis 140 Reihen. Zum Schluss alle M abketten. Den zweiten Henkel genauso anfertigen.

Fertigstellung
Mit einer Wollnadel und dem Garn A beide Henkel von innen gegen den oberen Taschenrand nähen, das Ende sollte ungefähr 1,5 cm von der Oberkante entfernt sein. Mit einer Wollnadel und Garn A die Blüte auf die Taschenfront nähen.
Alle Fadenenden vernähen. Die Tasche zum Filzen in der Maschine waschen (siehe Anleitung auf Seite 123 bis 124). Mit Nadel und Faden den Zierknopf in der Blütenmitte und eventuell einen großen Druckknopf als Taschenverschluss annähen.

Die schön abgestuften Farben des handgefärbten Bändchengarns von Colinette sind wirklich bezaubernd und passen wunderbar zur roten Wolle.

Reife Kirschen

Das brauchen Sie
- 125 g Natural Merino Wool (von Knitting4fun) in Dark Grey (A)
- 125 g Natural Merino Wool (von Knitting4fun) in Light Grey (B)
- 20 g Space-Dyed Pure Wool (von Knitting4fun) in Red (C)
- 20 g Space-Dyed Pure Wool (von Knitting4fun) in Green (D)
- Rundstricknadel, 8 mm stark, 40 oder 60 cm lang
- Rundstricknadel, 10 mm stark, 60 oder 80 cm lang
- Strickenadelpaar, 8 mm stark
- Kunststoff-Taschengriffe (Paar)
- Wollnadel (oder dicke Stick-, Stopfnadel)
- Nähnadel und -garn
- etwas Rohwolle oder Füllwatte zum Ausstopfen
- eventuell großer Druckknopf als Verschluss

Als ich schöne, glänzende Kirschen auf einem Markt sah, entschloss ich mich, eine lustige Kirschentasche zu machen. Die Kirschen sind aus Space-Dyed-Garn in lebendigem Rot gestrickt, damit sie wirklich reif und frisch wirken. Jede dieser kleinen gestrickten Noppen ist mit ungesponnener Wolle oder Füllwatte ausgestopft.

Für die Schattierung der grünen Blätter habe ich ebenfalls Space-Dyed-Garn verwendet. Die feinen Farbabstufungen derartig gefärbter Garne eignen sich wunderbar für Blüten, Blätter und Beeren – also für alles Natürliche.

Die fertigen Blätter und Kirschen näht man vor dem Filzen als Büschel auf die Tasche. Falls Ihnen dieses fröhliche Motiv gefällt, stricken Sie einfach mehrere Exemplare davon und nehmen sich das Taschenmodell »Reihenweise Kirschen« von Seite 64 vor.

Fertige Größe
Die Tasche misst ungefähr 23 cm in der Höhe und 29 cm in der Breite.

Maschenprobe
12 M und 14 R = 10 x 10 cm, wenn glatt re mit 10-mm-Stricknadeln und zweifädig gestrickt wird (Garn A und B gemeinsam). Fürs Filzen ist die Maschenweite aber nicht so wichtig.

Abkürzungen
Siehe Seite 125.

Taschenwand

75 M mit der 8-mm-Rundstricknadel anschlagen, dabei jeweils einen Faden von Garn A und B gemeinsam verstricken. Die Anschlagsreihe zu einer Runde verbinden, diese jedoch keinesfalls verdrehen. Mit einem Maschenmarkierer den Beginn der Runde kennzeichnen.

Runde 1: 1 M re, 1 M li im Wechsel bis vor die letzte M, dann 1 M re.
Runde 2: 1 M li, 1 M re im Wechsel bis vor die letzte M, dann 1 M li.
In diesem Perlmuster fortfahren: dazu Runde 1 und 2 noch 2-mal wiederh.
Runde 7: * 14 M re, 2 M aus nächster M herausstr (= 1 M zun), ab * 5-mal wiederh = 80 M.
Zur 10-mm-Rundstricknadel wechseln und 10 Runden glatt re stricken.
Maschenmarkierer auf re Nadel heben. Die Taschenwand wie folgt weiterarbeiten:
Runde 18: 4 M re, 1 M aus Querf zun, 32 M re, 1 M aus Querf zun, 8 M re, 1 M aus Querf zun, 32 M re, 1 M aus Querf zun, 4 M re = 84 M.
Danach 10 Runden glatt re stricken.
Runde 29: 5 M re, 1 M aus Querf zun, 32 M re, 1 M aus Querf zun, 10 M re, 1 M aus Querf zun, 32 M re, 1 M aus Querf zun, 5 M re = 88 M.
Danach 10 Runden glatt re stricken.
Runde 40: 6 M re, 1 M aus Querf zun, 32 M re, 1 M aus Querf zun, 12 M re, 1 M aus Querf zun, 32 M re, 1 M aus Querf zun, 6 M re = 92 M.
Danach 15 Runden glatt re stricken.

Taschenboden

Maschenmarkierer auf re Nadel heben. Für den Boden wie folgt abnehmen:
Runde 56: 6 M re, 2 M zusstr, 30 M re, 2 M re verschr zusstr, 12 M re, 2 M zusstr, 30 M re, 2 M re verschr zusstr, 6 M re = 88 M.
Runde 57: 5 M re, 2 M zusstr, 30 M re, 2 M re verschr zusstr, 10 M re, 2 M zusstr, 30 M re, 2 M re verschr zusstr, 5 M re = 84 M.
Runde 58: 4 M re, 2 M zusstr, 30 M re, 2 M re verschr zusstr, 8 M re, 2 M zusstr, 30 M re, 2 M re verschr zusstr, 4 M re = 80 M.
Runde 59: 3 M re, 2 M zusstr, 30 M re, 2 M re verschr zusstr, 6 M re, 2 M zusstr, 30 M re, 2 M re verschr zusstr, 3 M re = 76 M.
Runde 60: 2 M re, 2 M zusstr, 30 M re, 2 M re verschr zusstr, 4 M re, 2 M zusstr, 30 M re, 2 M re verschr zusstr, 2 M re = 72 M.
Runde 61: 1 M re, 2 M zusstr, 30 M re, 2 M re verschr zusstr, 2 M re, 2 M zusstr, 30 M re, 2 M re verschr zusstr, 1 M re = 68 M.
Runde 62: 2 M zusstr, 30 M re, 2 M re verschr zusstr, 2 M zusstr, 30 M re, 2 M re verschr zusstr = 64 M.

Zum Schließen des Bodens die Tasche auf links wenden. Je 32 M auf die Enden der Rundstricknadel schieben. Beide Nadelspitzen nebeneinander halten. Mit einer dritten Stricknadel (genauso stark oder eine Nummer stärker als die Rundstricknadel) die ersten beiden M von jeder Nadel zusstr, dann die zweiten M, nun die erste M über die zweite M ziehen. Auf diese Weise werden die M abgekettet (nicht zu fest) und gleichzeitig wird der Taschenboden geschlossen. Diese Abfolge so oft wiederh, bis alle M abgekettet sind.

Vier Griffschlaufen
Für eine Griffschlaufe 4 M mit einem Faden von Garn A und 8-mm-Stricknadeln anschlagen. Nun 8 Reihen re M stricken, danach abketten.

Drei Kirschen
Für eine Kirsche 3 M mit einem Faden von Garn C und 8-mm-Stricknadeln anschl.
Reihe 1 (Hinreihe): Aus jeder M nun 2 M heraussstr = 6 M.
5 Reihen glatt re stricken (mit li Rückreihe beginnen).
Reihe 7: Jetzt 3-mal hintereinander 2 M re zusstr = 3 M.
Reihe 8: 1 M abh, 2 M re zusstr, abgehobene M überziehen (dopp Überzug) = 1 M.
Den Faden bis auf ein 50 cm langes Ende abschneiden, durch die letzte M ziehen und in eine Wollnadel einfädeln. Die Ränder des Gestricks so zusammennähen, dass sich eine Noppe bildet, diese dabei locker ausstopfen. Den Faden vernähen.

Drei Blätter
Für ein Blatt 3 M mit einem Faden von Garn D und 8-mm-Stricknadeln anschl.
Reihe 1 (Hinreihe): 3 M re.
Reihe 2 und alle anderen Rückreihen: Nur li M stricken.
Reihe 3: 1 M re, 1 M aus Querf zun, 1 M re, 1 M aus Querf zun, 1 M re = 5 M.
Reihe 5: 1 M re, 1 M aus Querf zun, 3 M re, 1 M aus Querf zun, 1 M re = 7 M.
Reihe 7 und 9: Nur re M stricken.
Reihe 11: 1 M re, 2 M re zusstr, 1 M re, 2 M re zusstr, 1 M re = 5 M.
Reihe 13: 2 M re zusstr, 1 M re, 2 M re zusstr = 3 M.
Reihe 14: 1 dopp Überzug = 1 M.
Den Faden bis auf ein 50 cm langes Ende abschneiden, durch die letzte M ziehen.

Fertigstellung
Um die Blätter anzunähen, fädeln Sie deren Fadenenden in eine Wollnadel. Die Blattgruppe in gewünschter Position auf der Taschenvorderseite befestigen (siehe Foto).

> Die feinen Farbabstufungen derartig gefärbter Garne eignen sich wunderbar zum Stricken von Blüten, Blättern und Beeren.

Je einen Doppelfaden von Garn D oben durch die Kirschen ziehen und unter den Blättern auf die Tasche nähen, dabei jedoch diese grünen Doppelfäden ungefähr 8 cm lang hängen lassen – sie verbinden sich beim Filzen zu einem dünnen Stiel. Alternativ Garn D an die Kirschen nähen, eine 8 cm lange Luftmaschenkette häkeln und diese auf der Tasche befestigen.

Zum Anbringen der Griffe den Abstand zwischen den beiden Schlitzen eines Kunststoff-Taschengriffs ausmessen. Die Position für die gestrickten Schlaufen mit Stecknadeln entsprechend auf der Innenseite der Tasche markieren. Mit der Wollnadel und einem Faden von Garn A je eine Schmalseite der Schlaufen an diesen Markierungen annähen, etwa 1 cm unterhalb der Taschenkante. Die freien Schlaufenenden durch die Schlitze der Griffe ziehen und ebenfalls innen festnähen, etwa 1 cm unterm anderen Ende.

Die Griffe fest mit Luftpolsterfolie umwickeln und in die Tasche klappen (rechte Taschenseite außen); das schützt sie beim Filzvorgang in der Waschmaschine. Gegen das Herausklappen die Taschenöffnung mit einer Sicherheitsnadel schließen. Taschengriffe aus Holz, Bambus oder perlenverzierte Modelle sollten nicht dem Waschzyklus ausgesetzt werden, sondern man näht zuerst nur je ein Ende der vier Griffschlaufen wie oben beschrieben fest. Danach die Tasche filzen und dann erst die freien Enden der Schlaufen durch die Griffschlitze ziehen und festnähen.

Alle Fadenenden vernähen.

Die Tasche zum Filzen in der Maschine waschen (siehe Anleitung auf Seite 123 bis 124). Eventuell einen großen Druckknopf als Verschluss annähen.

Reihenweise Kirschen

Diese Tasche wird im Prinzip nach derselben Anleitung angefertigt wie das Modell »Reife Kirschen« (Seite 60 bis 64). Zum Stricken des Taschenbeutels jedoch zwei Fäden von Pure Wool in Black (Knitting4fun) verwenden. Benötigt werden 12 Kirschen und 12 Blätter. Diese Früchte als kleine Zweiergruppen auf der Vorder- und Rückseite der Tasche rundherum unterm oberen Rand annähen.

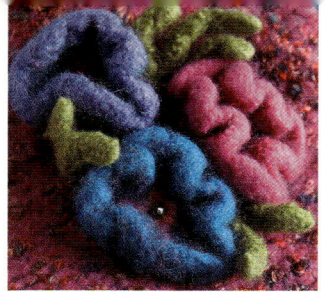

Tasche aus recycelter Sari-Seide

Das brauchen Sie

- 125 g Pure Wool (von Knitting4fun) in Fuchsia (A)
- 300 g Recycled Sari Silk Yarn (von Knitting4fun) (B)
- kleine Mengen Pure Wool (von Knitting4fun) oder Mohair für Blüten und Blätter
- Rundstricknadel, 8 mm stark, 40 oder 60 cm lang
- Rundstricknadel, 10 mm stark, 80 cm lang
- Stricknadelpaar, 8 mm stark
- Kunststoff-Taschengriffe (Paar)
- Wollnadel (oder dicke Stick-, Stopfnadel)
- eventuell Zierperlen
- etwas Rohwolle oder Füllwatte zum Ausstopfen
- eventuell großer Druckknopf als Verschluss

Fertige Größe

Die Tasche misst ungefähr 23 cm in der Höhe und 33 cm in der Breite.

Ich horte die verschiedensten Stränge recycelter Sari-Seide in wunderschönen, juwelenartig schimmernden Farben. Doch was tun damit? Ich lagere das Garn in Glasvasen, einfach so zum Anschauen – doch dann probierte ich, etwas davon in einer Tasche zu verarbeiten.

Für dieses Modell verstrickte ich je einen Faden aus reiner Wolle und Seidengarn gemeinsam. Weil jeder Strang dieses handgesponnenen Materials anders aussieht, nehme ich immer zwei Stränge gleichzeitig: Nach jeder Strickrunde wechsele ich den Strang, damit sich die Farben gut mischen. Nach dem Filzen umschließt die Wolle die Seidenbändchen weitgehend, doch sie sorgen für eine Oberflächenstruktur mit schimmernden, aus der Grundfarbe hervorleuchtenden Tönen.

Gleich mehrere Blüten habe ich als Taschendekor gestrickt – große und ein paar kleinere Exemplare, Blätter und korkenzieherähnliche Blattranken. Einige Blüten sind auf Broschenplatinen genäht, damit man sie abnehmen und die Verzierung austauschen kann.

In Nepal fand ich Bananenfasergarn mit einem ähnlichen Zufallsspektrum an Farben, sogar mit etwas mehr Glanz im Vergleich zum Sari-Garn. Ich habe es bei der purpurfarbenen Tasche auf Seite 70 verarbeitet – das riecht gar nicht nach Banane, oder?

Maschenprobe

12 M und 14 R = 10 x 10 cm, wenn glatt re mit 10-mm-Stricknadeln und zweifädig gestrickt wird (Garn A und B gemeinsam). Fürs Filzen ist die Maschenweite aber nicht so wichtig.

Abkürzungen

Siehe Seite 125.

Taschenwand

75 M mit der 8-mm-Rundstricknadel anschlagen, dabei jeweils einen Faden von Garn A und B gemeinsam verstricken. Die Anschlagsreihe zu einer Runde verbinden, diese jedoch keinesfalls verdrehen. Mit einem Maschenmarkierer den Beginn der Runde kennzeichnen.

Runde 1: 1 M re, 1 M li im Wechsel bis vor die letzte M, dann 1 M re.
Runde 2: 1 M li, 1 M re im Wechsel bis vor die letzte M, dann 1 M li.
In diesem Perlmuster fortfahren: dazu Runde 1 und 2 noch 2-mal wiederh.
Runde 7: * 14 M re, 2 M aus nächster M herausstr (= 1 M zun), ab * 5-mal wiederh = 80 M. Zur 10-mm-Rundstricknadel wechseln und 10 Runden glatt re stricken. Den Maschenmarkierer auf re Nadel heben. Die Taschenwand wie folgt weiterarbeiten:
Runde 18: 4 M re, 1 M aus Querf zun, 32 M re, 1 M aus Querf zun, 8 M re, 1 M aus Querf zun, 32 M re, 1 M aus Querf zun, 4 M re = 84 M. Dann 10 Runden glatt re stricken.
Runde 29: 5 M re, 1 M aus Querf zun, 32 M re, 1 M aus Querf zun, 10 M re, 1 M aus Querf zun, 32 M re, 1 M aus Querf zun, 5 M re = 88 M. Dann 10 Runden glatt re stricken.
Runde 40: 6 M re, 1 M aus Querf zun, 32 M re, 1 M aus Querf zun, 12 M re, 1 M aus Querf zun, 32 M re, 1 M aus Querf zun, 6 M re = 92 M. Dann 15 Runden glatt re stricken.

Taschenboden

Maschenmarkierer auf re Nadel heben. Für den Boden wie folgt abnehmen:
Runde 56: 6 M re, 2 M zusstr, 30 M re, 2 M re verschr zusstr, 12 M re, 2 M zusstr, 30 M re, 2 M re verschr zusstr, 6 M re = 88 M.
Runde 57: 5 M re, 2 M zusstr, 30 M re, 2 M re verschr zusstr, 10 M re, 2 M zusstr, 30 M re, 2 M re verschr zusstr, 5 M re = 84 M.
Runde 58: 4 M re, 2 M zusstr, 30 M re, 2 M re verschr zusstr, 8 M re, 2 M zusstr, 30 M re, 2 M re verschr zusstr, 4 M re = 80 M.
Runde 59: 3 M re, 2 M zusstr, 30 M re, 2 M re verschr zusstr, 6 M re, 2 M zusstr, 30 M re, 2 M re verschr zusstr, 3 M re = 76 M.
Runde 60: 2 M re, 2 M zusstr, 30 M re, 2 M re verschr zusstr, 4 M re, 2 M zusstr, 30 M re, 2 M re verschr zusstr, 2 M re = 72 M.
Runde 61: 1 M re, 2 M zusstr, 30 M re, 2 M re verschr zusstr, 2 M re, 2 M zusstr, 30 M re, 2 M re verschr zusstr, 1 M re = 68 M.
Runde 62: 2 M zusstr, 30 M re, 2 M re verschr zusstr, 2 M zusstr, 30 M re, 2 M re verschr zusstr = 64 M.

Zum Schließen des Bodens die Tasche auf links wenden. Je 32 M auf die Enden der Rundstricknadel schieben. Beide Nadelspitzen nebeneinander halten. Mit einer dritten Stricknadel (genauso stark oder eine Nummer stärker als die Rundstricknadel) die ersten beiden M von jeder Nadel zusstr, dann die zweiten M, nun die erste M über die zweite M

Variationen in Form und Dekor

ziehen. Auf diese Weise werden die M abgekettet (nicht zu fest) und gleichzeitig wird der Taschenboden geschlossen. Diese Abfolge so oft wiederh, bis alle M abgekettet sind.

Vier Griffschlaufen
Für eine Griffschlaufe 4 M mit einem Faden von Garn A und 8-mm-Stricknadeln anschlagen. Nun 8 Reihen re M stricken, danach abketten.

Blüten
63 M mit 8-mm-Stricknadeln und einem Woll- oder Mohairfaden anschlagen.
Reihe 1 (Hinreihe): Nur re M stricken.
Reihe 2 (Rückreihe): 1 M li, 2 M li zusstr, 1 M li, 2 M li verschr zusstr, * 3 M li, 2 M li zusstr, 1 M li, 2 M li verschr zusstr. Ab * wiederh bis vor die letzte M; 1 M li = 47 M.
Reihe 3: * 1 Überzug, 1 M re, 2 M re zusstr, 1 M re. Ab * fortl wiederh bis vor die letzten 5 M; 1 Überzug, 1 M re, 2 M re zusstr = 31 M.
Reihe 4: 3 M li zusstr, * 1 M li, 3 M li zusstr. Ab * fortl wiederh bis Reih-Ende = 15 M.
Reihe 5: 1 dopp Überzug, * 1 M re, 1 dopp Überzug. Ab * fortl wiederh bis Reih-Ende = 7 M. Den Faden bis auf ein 40 cm langes Ende abschneiden, dieses fest durch die letzten M ziehen, in eine Wollnadel einfädeln und die Ränder zur Blüte schließen.

Blattbüschel
15 M mit einem Woll- oder Mohairfaden und 8-mm-Stricknadeln anschlagen.
Reihe 1: * 14 M abketten, die letzte M auf die linke Nadel heben, dann 14 M neu anschl. Ab * diesen Vorgang 2- bis 3-mal wiederh. Den Faden bis auf ein 40 cm langes Ende abschneiden, die letzte M abketten und den Faden vernähen.

Fertigstellung
Eine Gruppe Blüten und Blattbüschel mit ihren Fadenenden vorn auf die Tasche nähen Dann den Abstand zwischen den beiden Schlitzen eines Kunststoff-Taschengriffs ausmessen. Danach die Position für die gestrickten Schlaufen mit Stecknadeln entsprechend auf der Innenseite der Tasche markieren. Mit der Wollnadel und einem Faden von Garn A je eine Schmalseite der Schlaufen an diesen Markierungen annähen, etwa 1 cm unterhalb der Taschenkante. Die freien Schlaufenenden durch die Schlitze der Griffe ziehen und innen festnähen, etwa 1 cm unterm anderen Ende. Die Griffe fest mit Luftpolsterfolie umwickeln und in die Tasche klappen (rechte Taschenseite außen). Die Taschenöffnung mit einer Sicherheitsnadel schließen. Danach die Tasche filzen und dann erst die freien Enden der Schlaufen durch die Griffschlitze ziehen und festnähen. Dann Fadenenden vernähen. Filzen (s. S. 123 bis 124). Eventuell einen großen Druckknopf als Verschluss annähen.

Nach dem Filzen umschließt die Wolle die Seidenbändchen weitgehend, doch sie sorgen für eine Oberflächenstruktur mit schimmernden, aus der Grundfarbe hervorleuchtenden Tönen.

Tasche mit Bananenfasern

Die Taschen nach voriger Anleitung anfertigen, dabei das Sari-Seidengarn durch Bananenfasergarn ersetzen.

Das brauchen Sie
- 125 g Natural Pure Wool (von Knitting4fun) in Violet (A)
- 400 g Banana Fibre Kaleidoskope Yarn (von Knitting4fun) (B)

Große Blüte
15 M mit einem Faden (Fine Pure Wool) und 8-mm-Stricknadeln anschlagen.
Reihe 1: 14 M re, wenden.
Reihe 2: 1 M abh, 12 M re, wenden.
Reihe 3: 1 M abh, 11 M re, wenden.
Reihe 4: 1 M abh, 10 M re, wenden.
Auch in den Folgereihen stets die 1. M abh, dann der Reihe nach 9, 8, 7, 6, 5, 4, 3 M re stricken.
Reihe 12: 1 M abh, bis Reih-Ende re M stricken.
Reihe 13: 1 Überzug, restliche M abketten. Die letzte M auf der Nadel lassen und 14 weitere M anschlagen = 15 M. Für 5 oder 6 weitere Blütenblätter diese 13 Reihen entsprechend wiederh. Letzte M abketten, den Faden bis auf ein 50 cm langes Ende abschneiden. Die Blüte zum Ring schließen, dazu den Faden durch die inneren schmalen Blattkanten ziehen. Die Blütenmitte einkräuseln und durch Stiche sichern. Diese Anleitung ergibt die gezeigte große Blüte. Für kleinere Exemplare (siehe oben links) hingegen nur 11 M oder 9 M anschlagen, so wie auf Seite 99 beschrieben.

Blütenmitte
3 M mit einem Faden (Fine Pure Wool) und 8-mm-Stricknadeln anschlagen.
Reihe 1 (Hinreihe): Aus jeder M nun 2 M herausstr = 6 M. 5 Reihen glatt re stricken (mit li Rückreihe beginnen).
Reihe 7: Jetzt 3-mal hintereinander 2 M re zusstr = 3 M.
Reihe 8: 1 M abh, 2 M re zusstr, abgehobene M überziehen (dopp Überzug) = 1 M. Den Faden bis auf ein 50 cm langes Ende abschneiden, dieses durch die letzte M ziehen und in eine Wollnadel einfädeln. Die Ränder des Gestricks so zusammennähen, dass sich eine Noppe bildet, diese dabei locker ausstopfen.

Blatt
40 M mit einem Faden (Fine Pure Wool) und 8-mm-Stricknadeln anschlagen.
Reihe 1: Bis zum Ende der Reihe stets 2 M re zusstr = 20 M.
Reihe 2: Bis zum Ende der Reihe stets 2 M re zusstr = 10 M. Dann alle M abketten.
2 bis 3 Blätter stricken, die Größe mit der Maschenzahl variieren. Blätter mit den Fadenenden auf die Tasche (siehe Foto), dann die Blütenmitten in die Blüten nähen und beides zusammen auf der Tasche befestigen.

Variationen in Form und Dekor

Kleine Satteltasche

Das brauchen Sie

- 200 g Pure Wool (von Knitting4fun) in Deep Pink (A)
- 200 g Mille Colori (von Lang) in Farbe 65 (B)
- Rundstricknadel, 8 mm stark, 80 cm lang
- Rundstricknadel, 10 mm stark, 80 cm lang
- Stricknadelpaar, 8 mm stark
- Stricknadelpaar, 10 mm stark
- Wollnadel (oder dicke Stick-, Stopfnadel)
- Knopf oder Knebel als Verschluss

Fertige Größe

Die Tasche misst ungefähr 19 cm in der Höhe und 22 cm in der Breite.

Als ich einmal eine Zeit lang auf Krücken angewiesen war, merkte ich, wie schwierig das Tragen von Gegenständen ist. Bisher hatte ich meine Taschen mit kürzeren Henkeln angefertigt, doch jetzt brauchte ich eine, die ich mir schräg über den Oberkörper hängen konnte, damit ich die Hände frei hatte.

Ich strickte das Modell mit Garn aus reiner Wolle zusammen mit einem weiteren Garn in Zufallsfarbgebung, das sich zu je 50 Prozent aus Superwash-Wolle und Acryl zusammensetzt und nach dem Filzen einen wunderschönen Bouclé-Effekt zeigte.

Den Schultergurt strickte ich im Perlmuster, damit er flach blieb und sich bequem tragen ließ. Weil meine Hände gebunden waren (durch die Krücken), brauchte ich zusätzliche Sicherheit: Die Tasche wird mit einer Klappe und einem Knopf geschlossen. Näht man ihn mit einem Faden aus reiner Wolle schon vor dem Filzen an, ist er sehr stabil im Gestrick verankert.

Dieses Modell lässt sich in jeder Größe gestalten: als geräumige Laptoptasche oder etwas kleiner zum Transport von Wasserflaschen – man kann nicht kannenweise Tee mitnehmen, wenn man auf Krücken läuft!

Maschenprobe

12 M und 14 R = 10 x 10 cm, wenn glatt re mit 10-mm-Stricknadeln und zweifädig gestrickt wird (Garn A und B gemeinsam). Fürs Filzen ist die Maschenweite aber nicht so wichtig.

Abkürzungen

Siehe Seite 125.

Taschenwand

75 M mit der 8-mm-Rundstricknadel anschlagen, dabei jeweils einen Faden von Garn A und B gemeinsam verstricken. Die Reihe zu einer Runde verbinden, diese nicht verdrehen. Mit einem Maschenmarkierer den Beginn der Runde kennzeichnen.

Runde 1: 1 M re, 1 M li im Wechsel bis vor die letzte M, dann 1 M re.
Runde 2: 1 M li, 1 M re im Wechsel bis vor die letzte M, dann 1 M li.
In diesem Perlmuster fortfahren: dazu Runde 1 und 2 noch 2-mal wiederh.
Runde 7: * 14 M re, 2 M aus nächster M herausstr (= 1 M zun), ab * 5-mal wiederh = 80 M. Zur 10-mm-Rundstricknadel wechseln und 10 Runden glatt re stricken. Maschenmarkierer auf re Nadel heben. Die Taschenwand wie folgt weiterarbeiten:
Runde 18: 4 M re, 1 M aus Querf zun, 32 M re, 1 M aus Querf zun, 8 M re, 1 M aus Querf zun, 32 M re, 1 M aus Querf zun, 4 M re = 84 M. Dann 10 Runden glatt re stricken.
Runde 29: 5 M re, 1 M aus Querf zun, 32 M re, 1 M aus Querf zun, 10 M re, 1 M aus Querf zun, 32 M re, 1 M aus Querf zun, 5 M re = 88 M. Dann 10 Runden glatt re stricken.
Runde 40: 6 M re, 1 M aus Querf zun, 32 M re, 1 M aus Querf zun, 12 M re, 1 M aus Querf zun, 32 M re, 1 M aus Querf zun, 6 M re = 92 M. Dann 25 Runden glatt re stricken.

Taschenboden

Maschenmarkierer auf re Nadel heben. Für den Boden wie folgt abnehmen:
Runde 66: 6 M re, 2 M zusstr, 30 M re, 2 M re verschr zusstr, 12 M re, 2 M zusstr, 30 M re, 2 M re verschr zusstr, 6 M re = 88 M.
Runde 67: 5 M re, 2 M zusstr, 30 M re, 2 M re verschr zusstr, 10 M re, 2 M zusstr, 30 M re, 2 M re verschr zusstr, 5 M re = 84 M.
Runde 68: 4 M re, 2 M zusstr, 30 M re, 2 M re verschr zusstr, 8 M re, 2 M zusstr, 30 M re, 2 M re verschr zusstr, 4 M re = 80 M.
Runde 69: 3 M re, 2 M zusstr, 30 M re, 2 M re verschr zusstr, 6 M re, 2 M zusstr, 30 M re, 2 M re verschr zusstr, 3 M re = 76 M.
Runde 70: 2 M re, 2 M zusstr, 30 M re, 2 M re verschr zusstr, 4 M re, 2 M zusstr, 30 M re, 2 M re verschr zusstr, 2 M re = 72 M.
Runde 71: 1 M re, 2 M zusstr, 30 M re, 2 M re verschr zusstr, 2 M re, 2 M zusstr, 30 M re, 2 M re verschr zusstr, 1 M re = 68 M.
Runde 72: 2 M zusstr, 30 M re, 2 M re verschr zusstr, 2 M zusstr, 30 M re, 2 M re verschr zusstr = 64 M.

Zum Schließen des Bodens die Tasche auf links wenden. Je 32 M auf die Enden der Rundstricknadel schieben. Beide Nadelspitzen nebeneinander halten. Mit einer dritten Stricknadel (genauso stark oder eine Nummer stärker als die Rundstricknadel) die ersten beiden M von jeder Nadel zusstr, dann die zweiten M, nun die erste M über die zweite M ziehen. Auf diese Weise werden die M abgekettet (nicht zu fest) und gleichzeitig wird der Taschenboden geschlossen. Diese Abfolge so oft wiederh, bis alle M abgekettet sind.

Variationen in Form und Dekor

Klappe

Den Taschenbeutel flach auf den Tisch legen, die Rückseite liegt oben, die „Bodennaht" parallel zur vorderen Tischkante. Die erste Zunahmestelle in Reihe 18 (rechts) suchen und von dort aus senkrecht darüber am oberen Taschenrand eine Stecknadel setzen. Danach die zweite Markierung an der linken Seite anbringen.
Zwischen diesen Stellen auf der rechten Gestrickseite 33 M aufnehmen: mit jeweils einem Faden von Garn A und B und den 8-mm-Stricknadeln.

Reihe 1 und 2: 1 M re, 1 M li im Wechsel bis vor die letzte M, dann 1 M re.
Zur 10-mm-Rundstricknadel wechseln; weitere 10 Reihen im Perlmuster stricken.
Reihe 13: Aus 1. M zuerst 2 M herausstr, * 1M li, 1 M re. Ab * fortl wiederh bis vor die letzten 2 M, 1 M li, aus letzter M wieder 2 M herausstr = 35 M.
Reihe 14 bis 23: 1 M li, 1 M re im Wechsel bis vor die letzte M, dann 1 M li.
Reihe 24: Aus 1. M zuerst 2 M herausstr, * 1 M re, 1 M li. Ab * fortl wiederh bis vor die letzten 2 M, 1 M re, aus letzter M wieder 2 M herausstr = 37 M.
Reihe 25 bis 34: 1 M re, 1 M li im Wechsel bis vor die letzte M, dann 1 M re.
Reihe 35: 2 M verschr zusstr, * 1 M re, 1 M li. Ab * fortl wiederh bis vor die letzten 3 M str, dann 1 M re, die letzten 2 M zusstr = 35 M.
Reihe 35 im korrekten Perlmuster 4-mal wiederh = 27 M.
Reihe 40 (1. Knopflochreihe): 2 M verschr zusstr, 10 M Perlmuster, 3 M abketten, Perlmuster bis vor die letzten 2 M str, 2 M zusstr.
Reihe 41 (2. Knopflochreihe): 11 M Perlmuster, 3 M neu anschlagen, Perlmuster bis Reih-Ende = 25 M.
Reihe 42: 2 M verschr zusstr, Perlmuster bis vor die letzten 2 M, 2 M zusstr = 23 M.
Reihe 42 im korrekten Perlmuster 3-mal wiederh = 17 M.
Alle M abketten.

Schultergurt

Mit 8-mm-Stricknadeln und einem Faden von dem Garn A an einer der beiden Außenecken, neben der Taschenklappe, 5 M vom Taschenrand aufnehmen.
Reihe 1: 1 M re, 1 M li, 1 M re, 1 M li, 1 M re.
Diese Abfolge in jeder Hin- und Rückreihe wiederh (Perlmuster), bis der Gurt 120 cm lang ist. Alle M abketten.

Fertigstellung

Das freie Ende des Gurtes mit einer Wollnadel und Garn A an der anderen Seite der Tasche annähen. Alle Fadenenden vernähen.
Die Tasche zum Filzen in der Maschine waschen (siehe Anleitung auf Seite 123 bis 124). Den Knopf oder Knebel passend zur Knopflochposition annähen.

Ich strickte das Modell mit Garn aus reiner Wolle zusammen mit einem weiteren Garn in Zufallsfarbgebung, das sich zu je 50 Prozent aus Superwash-Wolle und Acryl zusammensetzt und nach dem Filzen einen wunderschönen Bouclé-Effekt zeigte.

Eichenlaub mit Eicheln

Das brauchen Sie

- 150 g Pure Wool (von Knitting4fun) in Apple Green (A)
- 125 g Kureyon (von Noro) in Farbe 201 (B)
- ein wenig Pure Wool (von Knitting4fun) in Gold (C) und Brown (D)
- ein wenig Space-Dyed Pure Wool (von Knitting4fun) in Green (E)
- Rundstricknadel, 8 mm stark, 60 cm lang
- Rundstricknadel, 10 mm stark, 80 cm lang
- Stricknadelpaar, 8 mm stark
- Kunststoff-Taschengriffe (Paar)
- Wollnadel (oder dicke Stick-, Stopfnadel)
- etwas Rohwolle oder Füllwatte zum Ausstopfen
- eventuell großer Druckknopf als Verschluss

Fertige Größe

Die Tasche misst ungefähr 24 cm in der Höhe und 29 cm in der Breite.

Hier meine Sherwood Forest-Tasche. Ich wohne in Nottingham (England), der Heimat von Robin Hood. Der Legende nach lebte er zusammen mit einer Bande geächteter Männer zwischen mächtigen Eichen tief im Wald: in Sherwood Forest. Viele Filme haben diese Geschichte schon erzählt. (Männer in Strumpfhosen stelle ich mir immer noch bedauernswert vor.)

Die Tasche habe ich gleichzeitig mit Kureyon-Garn (von Noro) und Pure Wool (von Knitting4fun) gestrickt, um die Stimmung der vielfältigen Herbstwaldfarben zu treffen. Diesen Naturlook ergänzte ich passend dazu mit kleinen Mengen reiner Wolle in Gold und Braun für die Eicheln und mit lebendigem Space-Dyed-Garn für die Blätter.

Das dekorative Laubbüschel mit den Eicheln kann man direkt auf die Tasche nähen. Befestigt man es aber an einer Broschenplatine, kann man diesen Schmuck abnehmen. Dunkelbraune Kunststoffgriffe machen das Modell komplett.

Maschenprobe

12 M und 14 R = 10 x 10 cm, wenn glatt re mit 10-mm-Stricknadeln und zweifädig gestrickt wird (Garn A und B gemeinsam). Fürs Filzen ist die Maschenweite aber nicht so wichtig.

Abkürzungen

Siehe Seite 125.

Taschenwand

75 M mit der 8-mm-Rundstricknadel anschlagen, dabei jeweils einen Faden von Garn A und B gemeinsam verstricken. Die Anschlagsreihe zu einer Runde verbinden, diese jedoch keinesfalls verdrehen. Mit einem Maschenmarkierer den Beginn der Runde kennzeichnen.

Runde 1: 1 M re, 1 M li im Wechsel bis vor die letzte M, dann 1 M re.

Runde 2: 1 M li, 1 M re im Wechsel bis vor die letzte M, dann 1 M li.

In diesem Perlmuster fortfahren: dazu Runde 1 und 2 noch 2-mal wiederh.

Runde 7: * 14 M re, 2 M aus nächster M herausstr (= 1 M zun), ab * 5-mal wiederh = 80 M.

Zur 10-mm-Rundstricknadel wechseln und 10 Runden glatt re stricken. Maschenmarkierer auf re Nadel heben. Die Taschenwand wie folgt weiterarbeiten:

Runde 18: 4 M re, 1 M aus Querf zun, 32 M re, 1 M aus Querf zun, 8 M re, 1 M aus Querf zun, 32 M re, 1 M aus Querf zun, 4 M re = 84 M.

Danach 10 Runden glatt re stricken.

Runde 29: 5 M re, 1 M aus Querf zun, 32 M re, 1 M aus Querf zun, 10 M re, 1 M aus Querf zun, 32 M re, 1 M aus Querf zun, 5 M re = 88 M.

Danach 10 Runden glatt re stricken.

Runde 40: 6 M re, 1 M aus Querf zun, 32 M re, 1 M aus Querf zun, 12 M re, 1 M aus Querf zun, 32 M re, 1 M aus Querf zun, 6 M re = 92 M.

Danach 15 Runden glatt re stricken.

Taschenboden

Maschenmarkierer auf re Nadel heben. Für den Boden wie folgt abnehmen:

Runde 56: 6 M re, 2 M zusstr, 30 M re, 2 M re verschr zusstr, 12 M re, 2 M zusstr, 30 M re, 2 M re verschr zusstr, 6 M re = 88 M.

Runde 57: 5 M re, 2 M zusstr, 30 M re, 2 M re verschr zusstr, 10 M re, 2 M zusstr, 30 M re, 2 M re verschr zusstr, 5 M re = 84 M.

Runde 58: 4 M re, 2 M zusstr, 30 M re, 2 M re verschr zusstr, 8 M re, 2 M zusstr, 30 M re, 2 M re verschr zusstr, 4 M re = 80 M.

Runde 59: 3 M re, 2 M zusstr, 30 M re, 2 M re verschr zusstr, 6 M re, 2 M zusstr, 30 M re, 2 M re verschr zusstr, 3 M re = 76 M.

Runde 60: 2 M re, 2 M zusstr, 30 M re, 2 M re verschr zusstr, 4 M re, 2 M zusstr, 30 M re, 2 M re verschr zusstr, 2 M re = 72 M.

Runde 61: 1 M re, 2 M zusstr, 30 M re, 2 M re verschr zusstr, 2 M re, 2 M zusstr, 30 M re, 2 M re verschr zusstr, 1 M re = 68 M.

Runde 62: 2 M zusstr, 30 M re, 2 M re verschr zusstr, 2 M zusstr, 30 M re, 2 M re verschr zusstr = 64 M.

Zum Schließen des Bodens die Tasche auf links wenden. Je 32 M auf die Enden der Rundstricknadel schieben. Beide Nadelspitzen nebeneinander halten. Mit einer dritten Stricknadel (genauso stark oder eine Nummer stärker als die Rundstricknadel) die ersten beiden M von jeder Nadel zusstr, dann die zweiten M, nun die erste M über die zweite M ziehen. Auf diese Weise werden die M abgekettet (nicht zu fest) und gleichzeitig wird der Taschenboden geschlossen. Diese Abfolge so oft wiederh, bis alle M abgekettet sind.

Vier Griffschlaufen

Für eine Griffschlaufe 4 M mit einem Faden von Garn A und 8-mm-Stricknadeln anschlagen. Nun 8 Reihen re M stricken, danach abketten.

Drei Eicheln mit Fruchtbechern

Für eine Eichel 3 M mit einem Faden von Garn C und 8-mm-Stricknadeln anschl.
Reihe 1 (Hinreihe): Aus jeder M nun 2 M herausstr = 6 M.
7 Reihen glatt re stricken (mit li Rückreihe beginnen).
Reihe 9: Jetzt 3-mal hintereinander 2 M re zusstr = 3 M.
Den Faden bis auf ein 50 cm langes Ende abschneiden, durch die letzten M ziehen und in eine Wollnadel einfädeln. Die Ränder des Gestricks so zusammennähen, dass sich eine Noppe bildet, diese dabei locker ausstopfen. Den Faden vernähen.
Für den Fruchtbecher (»Hut«) einer Eichel 8 M mit einem Faden von Garn D und 8-mm-Stricknadeln anschlagen. Dann 4 Reihen nur re M stricken.
Reihe 5: Jetzt 4-mal hintereinander 2 M re zusstr = 4 M.
Den Faden bis auf ein 50 cm langes Ende abschneiden, dieses durch die letzten M ziehen und in eine Wollnadel einfädeln. Die Ränder des Gestricks so zusammennähen, dass sich ein Becher bildet. Die gestrickte Eichel darin festnähen.

Drei Blätter

Für ein Blatt mit einem Faden von Garn E eine Schlinge knoten, 50 cm vom Ende entfernt. Hier mit 8-mm-Stricknadeln insgesamt 3 M anschlagen (mit dem Arbeitsfaden, das Ende hängen lassen). Dann 2 Reihen nur re M stricken.
Reihe 3: 1 M re, 1 M zun (hier stets aus Querf), 1 M re, 1 M zun, 1 M re = 5 M.
Reihe 4 und die folgenden geraden Reihen (falls nicht anders erwähnt): Nur re M.
Reihe 5: 2 M re, 1 M zun, 1 M re, 1 M zun, 2 M re = 7 M.
Reihe 7: 1 M re, 1 M zun, 2 M re, 1 M zun, 1 M re, 1 M zun, 2 M re, 1 M zun, 1 M re = 11 M.
Reihe 9: 2 M re, 1 M zun, 7 M re, 1 M zun, 2 M re = 13.

Die Tasche habe ich gleichzeitig mit Kureyon-Garn (von Noro) und Pure Wool (von Knitting4fun) gestrickt, um die Stimmung der vielfältigen Herbstwaldfarben zu treffen.

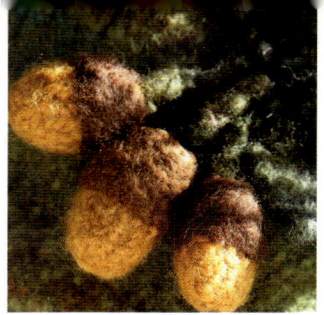

Reihe 10: 3 M abketten, dann re M bis Reih-Ende = 10 M.
Reihe 11: Wie Reihe 10 = 7 M.
Reihe 12: Nur re M stricken.
Danach die Reihen 7 bis 12 noch 2-mal wiederh.
Reihe 25: Nur re M stricken.
Reihe 26: 2 M re verschr zusstr, 3 M re, 2 M zusstr = 5.
Reihe 27: 2 M re verschr zusstr, 1 M re, 2 M zusstr = 3.
Reihe 28: 1 dopp Überzug.
Den Faden abschneiden, durch die letzte M ziehen, das Ende vernähen.

Fertigstellung

Die drei Blätter mit ihren Fadenenden gebündelt auf die Vorderseite der Tasche nähen; wegen der Position am Foto orientieren.

Je einen Doppelfaden von Garn D oben durch die Eicheln ziehen und unter den Blättern auf die Tasche nähen, dabei jedoch diese braunen Doppelfäden ungefähr 6 cm lang hängen lassen – sie verbinden sich beim Filzen zu einem dünnen Stiel. Alternativ Garn D an die Eicheln nähen, eine 6 cm lange Luftmaschenkette häkeln und diese auf der Tasche befestigen.

Dann den Abstand zwischen den beiden Schlitzen eines Kunststoff-Taschengriffs ausmessen. Danach die Position für die gestrickten Schlaufen mit Stecknadeln entsprechend auf der Innenseite der Tasche markieren. Mit der Wollnadel und einem Faden von Garn A je eine Schmalseite der Schlaufen an diesen Markierungen annähen, etwa 1 cm unterhalb der Taschenkante. Die freien Schlaufenenden durch die Schlitze der Griffe ziehen und ebenfalls innen festnähen, etwa 1 cm unterm anderen Ende.

Die Griffe fest mit Luftpolsterfolie umwickeln und in die Tasche klappen (rechte Taschenseite außen); das schützt sie beim Filzvorgang in der Waschmaschine. Gegen das Herausklappen die Taschenöffnung mit einer Sicherheitsnadel schließen. Taschengriffe aus Holz, Bambus oder perlenverzierte Modelle sollten nicht dem Waschzyklus ausgesetzt werden, sondern man näht zuerst nur je ein Ende der vier Griffschlaufen wie oben beschrieben fest. Danach die Tasche filzen und dann erst die freien Enden der Schlaufen durch die Griffschlitze ziehen und festnähen.

Alle Fadenenden vernähen.

Die Tasche zum Filzen in der Maschine waschen (siehe Anleitung auf Seite 123 bis 124). Eventuell einen großen Druckknopf als Verschluss annähen.

Chic in Schwarz-Weiß

Das brauchen Sie
- 250 g Pure Wool (von Knitting4fun) in Black (A)
- 50 g Pizzazz (von Elle) in Zest 250 (B)
- 50 g Long Eyelash (von Ice) in Black 7711 (C)
- Rundstricknadel, 8 mm stark, 40 oder 60 cm lang
- Rundstricknadel, 10 mm stark, 60 oder 80 cm lang
- Stricknadelpaar, 8 mm stark
- Kunststoff-Taschengriffe (Paar)
- Wollnadel (oder dicke Stick-, Stopfnadel)
- eventuell großer Druckknopf als Verschluss

Fertige Größe
Die Tasche misst ungefähr 24 cm in der Höhe und 29 cm in der Breite.

Für mich als Farbfanatikerin ist Schwarz-Weiß eine ungewöhnliche Kombination, doch hier beeindruckt sie mich sehr. Ich strickte diese Tasche, bevor ich zu einem wichtigen geschäftlichen Meeting ging. Ich musste ein Kostüm tragen und wollte, dass meine Tasche recht flippig aussieht, damit ich nicht zu unpersönlich wirke.

Das Pizzazz-Garn von Elle gibt's auch als schwarzes Garn mit weißen Fransen – also perfekt für mein Vorhaben. Ich fügte noch ein schwarzes Fransengarn hinzu und verstrickte diese beiden Effektgarne zusammen mit schwarzer reiner Wolle. Das Ergebnis ist ein modisches Modell mit wunderschönem Strukturrand.

Die schwarz-weißen Kunststoffgriffe sehen wirklich gut aus, doch die Tasche sähe auch mit einfarbigen schwarzen Griffen oder gefilzten Strickschnüren toll aus.

Maschenprobe

12 M und 14 R = 10 x 10 cm, wenn glatt re mit 10-mm-Stricknadeln und zweifädig gestrickt wird (Garn A). Fürs Filzen ist die Maschenweite aber nicht so wichtig.

Abkürzungen

Siehe Seite 125.

Taschenwand

75 M mit der 8-mm-Rundstricknadel anschlagen, dabei jeweils einen Faden von A, B und C gemeinsam verstricken. Die Anschlagsreihe zu einer Runde verbinden, diese jedoch keinesfalls verdrehen. Mit einem Maschenmarkierer den Beginn der Runde kennzeichnen.

Nun 8 oder so viele Runden li M stricken, bis der obere Taschenrand breit genug ist. Linke Maschen bringen die Effektfasern gut auf die rechte Gestrickseite. Die langen Fasern beim Arbeiten nach vorn zupfen, um sie nicht festzustricken.

Das Mitstricken von Garn B und C beenden, nun zweifädig mit A weiterarbeiten.

Runde 9: * 14 M re, 2 M aus nächster M herausstr (= 1 M zun), ab * 5-mal wiederh = 80 M.

Zur 10-mm-Rundstricknadel wechseln und 10 Runden glatt re stricken. Maschenmarkierer auf re Nadel heben. Die Taschenwand wie folgt weiterarbeiten:

Runde 20: 4 M re, 1 M aus Querf zun, 32 M re, 1 M aus Querf zun, 8 M re, 1 M aus Querf zun, 32 M re, 1 M aus Querf zun, 4 M re = 84 M.

Danach 10 Runden glatt re stricken.

Runde 31: 5 M re, 1 M aus Querf zun, 32 M re, 1 M aus Querf zun, 10 M re, 1 M aus Querf zun, 32 M re, 1 M aus Querf zun, 5 M re = 88 M.

Danach 10 Runden glatt re stricken.

Runde 42: 6 M re, 1 M aus Querf zun, 32 M re, 1 M aus Querf zun, 12 M re, 1 M aus Querf zun, 32 M re, 1 M aus Querf zun, 6 M re = 92 M.

Danach 15 Runden glatt re stricken.

Taschenboden

Maschenmarkierer auf re Nadel heben. Für den Boden wie folgt abnehmen:

Runde 58: 6 M re, 2 M zusstr, 30 M re, 2 M re verschr zusstr, 12 M re, 2 M zusstr, 30 M re, 2 M re verschr zusstr, 6 M re = 88 M.

Runde 59: 5 M re, 2 M zusstr, 30 M re, 2 M re verschr zusstr, 10 M re, 2 M zusstr, 30 M re, 2 M re verschr zusstr, 5 M re = 84 M.

Runde 60: 4 M re, 2 M zusstr, 30 M re, 2 M re verschr zusstr, 8 M re, 2 M zusstr, 30 M re, 2 M re verschr zusstr, 4 M re = 80 M.

Runde 61: 3 M re, 2 M zusstr, 30 M re, 2 M re verschr zusstr, 6 M re, 2 M zusstr, 30 M re, 2 M re verschr zusstr, 3 M re = 76 M.

Runde 62: 2 M re, 2 M zusstr, 30 M re, 2 M re verschr zusstr, 4 M re, 2 M zusstr, 30 M re, 2 M re verschr zusstr, 2 M re = 72 M.

Runde 63: 1 M re, 2 M zusstr, 30 M re, 2 M re verschr zusstr, 2 M re, 2 M zusstr, 30 M re, 2 M re verschr zusstr, 1 M re = 68 M.

Runde 64: 2 M zusstr, 30 M re, 2 M re verschr zusstr, 2 M zusstr, 30 M re, 2 M re verschr zusstr = 64 M.

Zum Schließen des Bodens die Tasche auf links wenden. Je 32 M auf die Enden der Rundstricknadel schieben. Beide Nadelspitzen nebeneinander halten. Mit einer dritten Stricknadel (genauso stark oder eine Nummer stärker als die Rundstricknadel) die ersten beiden M von jeder Nadel zusstr, dann die zweiten M, nun die erste M über die zweite M ziehen. Auf diese Weise werden die M abgekettet (nicht zu fest) und gleichzeitig wird der Taschenboden geschlossen. Diese Abfolge so oft wiederh, bis alle M abgekettet sind.

Vier Griffschlaufen

Für eine Griffschlaufe 4 M mit einem Faden von Garn A und 8-mm-Stricknadeln anschlagen. Nun 10 Reihen re M stricken, danach abketten.

Fertigstellung

Dann den Abstand zwischen den beiden Schlitzen eines Kunststoff-Taschengriffs ausmessen. Die Position für die gestrickten Schlaufen mit Stecknadeln entsprechend auf der Innenseite der Tasche markieren. Mit der Wollnadel und einem Faden von Garn A je eine Schmalseite der Schlaufen an diesen Markierungen annähen, etwa 1 cm unterhalb der Taschenkante. Die freien Schlaufenenden durch die Schlitze der Griffe ziehen und ebenfalls innen festnähen, etwa 1 cm unterm anderen Ende.
Die Griffe fest mit Luftpolsterfolie umwickeln und in die Tasche klappen (rechte Taschenseite außen); das schützt sie beim Filzvorgang in der Waschmaschine. Gegen das Herausklappen die Taschenöffnung mit einer Sicherheitsnadel schließen. Taschengriffe aus Holz, Bambus oder perlenverzierte Modelle sollten nicht dem Waschzyklus ausgesetzt werden, sondern man näht zuerst nur je ein Ende der vier Griffschlaufen wie oben beschrieben fest. Danach die Tasche filzen und dann erst die freien Enden der Schlaufen durch die Griffschlitze ziehen und festnähen.
Alle Fadenenden vernähen.
Die Tasche zum Filzen in der Maschine waschen (siehe Anleitung auf Seite 123 bis 124). Eventuell einen großen Druckknopf als Verschluss annähen.

Ich strickte diese Tasche, bevor ich zu einem wichtigen geschäftlichen Meeting ging. Ich musste ein Kostüm tragen und wollte, dass meine Tasche recht flippig aussieht, damit ich nicht zu unpersönlich wirke.

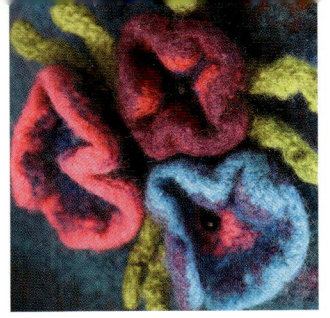

Sanft gestreift mit Blüten

Das brauchen Sie

- 100 g Pure Wool (von Knitting4fun) in Jade Blue (A)
- 100 g Kureyon (von Noro) in 173 (B)
- ein wenig reine Wolle oder Mohair für Blüten und Blätter
- Rundstricknadel, 8 mm stark, 40 oder 60 cm lang
- Rundstricknadel, 10 mm stark, 80 cm lang
- Stricknadelpaar, 8 mm stark
- Kunststoff-Taschengriffe (Paar)
- Wollnadel (oder dicke Stick-, Stopfnadel)
- eventuell großer Druckknopf als Verschluss
- eventuell Zierperlen

Fertige Größe

Die Tasche misst ungefähr 23 cm in der Höhe und 29 cm in der Breite.

Zu meinen Lieblingsmodellen zählt diese Tasche. Eine Inspirationsquelle waren die wundervollen Farben des japanischen Kureyon-Garns (von Noro). Fast alle Schattierungen dieses Garns sind bereits in sehr vielen meiner Taschen zum Einsatz gekommen.

Beim Stricken des Kureyon-Garns ergibt sich automatisch ein Streifeneffekt. Bei dieser Tasche habe ich einen Faden des Garns Pure Wool (von Knitting4fun) hinzugemischt, um eine sanftere Wirkung zu erzielen. Diese Kombination ergibt auch einen festeren Filz, als wenn man dieses japanische Garn allein verarbeiten würde.

Schmücken Sie Ihr Modell mit Blüten: nur mit großen, kleinen oder gruppenweise verschiedenen Exemplaren. Oder Sie verzichten aufs Zusatzdekor und genießen einfach die feinen Farbnuancen der Garnmischung.

Mit Kunststoffgriffen – auch in ganz anderen Farben, die im interessanten Kontrast zu den Garnfarben standen – habe ich beste Ergebnisse erzielen können. Und so besitze ich, passend zu jedem Outfit, manch leuchtende, aufregende Tasche.

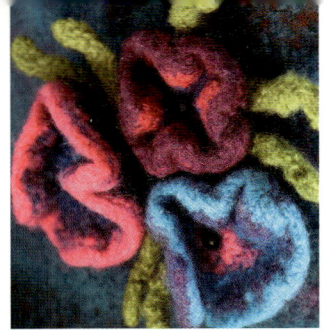

Maschenprobe

12 M und 14 R = 10 x 10 cm, wenn glatt re mit 10-mm-Stricknadeln und zweifädig gestrickt wird (Garn A und B gemeinsam). Fürs Filzen ist die Maschenweite aber nicht so wichtig.

Abkürzungen

Siehe Seite 125.

Taschenwand

75 M mit der 8-mm-Rundstricknadel anschlagen, dabei jeweils einen Faden von Garn A und B gemeinsam verstricken. Die Anschlagsreihe zu einer Runde verbinden, diese jedoch keinesfalls verdrehen. Mit einem Maschenmarkierer den Beginn der Runde kennzeichnen.

Runde 1: 1 M re, 1 M li im Wechsel bis vor die letzte M, dann 1 M re.
Runde 2: 1 M li, 1 M re im Wechsel bis vor die letzte M, dann 1 M li.
In diesem Perlmuster fortfahren: dazu Runde 1 und 2 noch 2-mal wiederh.
Runde 7: * 14 M re, 2 M aus nächster M herausstr (= 1 M zun), ab * 5-mal wiederh = 80 M.
Zur 10-mm-Rundstricknadel wechseln und 10 Runden glatt re stricken.
Maschenmarkierer auf re Nadel heben. Die Taschenwand wie folgt weiterarbeiten:
Runde 18: 4 M re, 1 M aus Querf zun, 32 M re, 1 M aus Querf zun, 8 M re, 1 M aus Querf zun, 32 M re, 1 M aus Querf zun, 4 M re = 84 M.
Danach 10 Runden glatt re stricken.
Runde 29: 5 M re, 1 M aus Querf zun, 32 M re, 1 M aus Querf zun, 10 M re, 1 M aus Querf zun, 32 M re, 1 M aus Querf zun, 5 M re = 88 M.
Danach 10 Runden glatt re stricken.
Runde 40: 6 M re, 1 M aus Querf zun, 32 M re, 1 M aus Querf zun, 12 M re, 1 M aus Querf zun, 32 M re, 1 M aus Querf zun, 6 M re = 92 M.
Danach 15 Runden glatt re stricken.

Taschenboden

Maschenmarkierer auf re Nadel heben. Für den Boden wie folgt abnehmen:
Runde 56: 6 M re, 2 M zusstr, 30 M re, 2 M re verschr zusstr, 12 M re, 2 M zusstr, 30 M re, 2 M re verschr zusstr, 6 M re = 88 M.
Runde 57: 5 M re, 2 M zusstr, 30 M re, 2 M re verschr zusstr, 10 M re, 2 M zusstr, 30 M re, 2 M re verschr zusstr, 5 M re = 84 M.
Runde 58: 4 M re, 2 M zusstr, 30 M re, 2 M re verschr zusstr, 8 M re, 2 M zusstr, 30 M re, 2 M re verschr zusstr, 4 M re = 80 M.
Runde 59: 3 M re, 2 M zusstr, 30 M re, 2 M re verschr zusstr, 6 M re, 2 M zusstr, 30 M re, 2 M re verschr zusstr, 3 M re = 76 M.
Runde 60: 2 M re, 2 M zusstr, 30 M re, 2 M re verschr zusstr, 4 M re, 2 M zusstr, 30 M re, 2 M re verschr zusstr, 2 M re = 72 M.
Runde 61: 1 M re, 2 M zusstr, 30 M re, 2 M re verschr zusstr, 2 M re, 2 M zusstr, 30 M re, 2 M re verschr zusstr, 1 M re = 68 M.
Runde 62: 2 M zusstr, 30 M re, 2 M re verschr zusstr, 2 M zusstr, 30 M re, 2 M re verschr zusstr = 64 M.

Zum Schließen des Bodens die Tasche auf links wenden. Je 32 M auf die Enden der Rundstricknadel schieben. Beide Nadelspitzen nebeneinander halten. Mit einer dritten Stricknadel (genauso stark oder eine Nummer stärker als die Rundstricknadel) die ersten beiden M von jeder Nadel zusstr, dann die zweiten M, nun die erste M über die zweite M ziehen. Auf diese Weise werden die M abgekettet (nicht zu fest) und gleichzeitig wird der Taschenboden geschlossen. Diese Abfolge so oft wiederh, bis alle M abgekettet sind.

Vier Griffschlaufen
Für eine Griffschlaufe 4 M mit einem Faden von Garn A und 8-mm-Stricknadeln anschlagen. Nun 10 Reihen re M stricken, danach abketten.

Große Blüte
Für eine Blüte 95 M mit 8-mm-Stricknadeln und einem Woll- oder Mohairfaden anschlagen. Am besten kommen die Blüten farbig gestreift zur Geltung.
Reihe 1 (Hinreihe): Nur re M stricken.
Reihe 2 (Rückreihe): 1 M li, 2 M li zusstr, 1 M li, 2 M li verschr zusstr, * 3 M li, 2 M li zusstr, 1 M li, 2 M li verschr zusstr. Ab * wiederh bis vor die letzte M; 1 M li = 71 M.
Reihe 3: * 1 Überzug, 1 M re, 2 M re zusstr, 1 M re. Ab * fortl wiederh bis vor die letzten 5 M; 1 Überzug, 1 M re, 2 M re zusstr = 47 M.
Reihe 4: 3 M li zusstr, * 1 M li, 3 M li zusstr. Ab * fortl wiederh bis Reih-Ende = 23 M.
Reihe 5: 1 dopp Überzug, * 1 M re, 1 dopp Überzug. Ab * fortl wiederh bis Reih-Ende = 11 M.
Danach glatt re weiterstricken (1 Reihe li M, 1 Reihe re M).
Den Faden bis auf ein 40 cm langes Ende abschneiden, dieses fest durch die letzten M ziehen, in eine Wollnadel einfädeln und die Ränder zur Blüte schließen.

Kleine Blüte
Für eine Blüte 63 M mit 8-mm-Stricknadeln und einem Woll- oder Mohairfaden anschlagen. Am besten kommen die Blüten farbig gestreift zur Geltung.
Reihe 1 (Hinreihe): Nur re M stricken.
Reihe 2 (Rückreihe): 1 M li, 2 M li zusstr, 1 M li, 2 M li verschr zusstr, * 3 M li, 2 M li zusstr, 1 M li, 2 M li verschr zusstr. Ab * wiederh bis vor die letzte M; 1 M li = 47 M.
Reihe 3: * 1 Überzug, 1 M re, 2 M re zusstr, 1 M re. Ab * fortl wiederh bis vor die letzten 5 M; 1 Überzug, 1 M re, 2 M re zusstr = 31 M.
Reihe 4: 3 M li zusstr, * 1 M li, 3 M li zusstr. Ab * fortl wiederh bis Reih-Ende = 15 M.
Reihe 5: 1 dopp Überzug, * 1 M re, 1 dopp Überzug. Ab * fortl wiederh bis Reih-Ende = 7 M.

Beim Stricken des Kureyon-Garns ergibt sich automatisch ein Streifeneffekt. Bei dieser Tasche habe ich einen Faden des Garns Pure Wool (von Knitting4fun) hinzugemischt, um eine sanftere Wirkung zu erzielen.

Den Faden bis auf ein 40 cm langes Ende abschneiden, dieses fest durch die letzten M ziehen, in eine Wollnadel einfädeln und die Ränder zur Blüte schließen.

Blattbüschel
15 M mit einem Woll- oder Mohairfaden und 8-mm-Stricknadeln anschlagen.
Reihe 1: * 14 M abketten, die letzte M auf die linke Nadel heben, dann 14 M neu anschlagen. Ab * diesen Vorgang 2- bis 3-mal wiederh. Den Faden bis auf ein 50 cm langes Ende abschneiden, die letzte M abketten und den Faden vernähen.

Fertigstellung
Eine Gruppe Blüten und Blattbüschel mit ihren Fadenenden auf die Tasche nähen (siehe Foto), die Mitte der Blüten eventuell mit einer Perle verzieren.
Dann den Abstand zwischen den beiden Schlitzen eines Kunststoff-Taschengriffs ausmessen. Danach die Position für die gestrickten Schlaufen mit Stecknadeln entsprechend auf der Innenseite der Tasche markieren. Mit der Wollnadel und einem Faden von Garn A je eine Schmalseite der Schlaufen an diesen Markierungen annähen, etwa 1 cm unterhalb der Taschenkante. Die freien Schlaufenenden durch die Schlitze der Griffe ziehen und ebenfalls innen festnähen, etwa 1 cm unterm anderen Ende.
Die Griffe fest mit Luftpolsterfolie umwickeln und in die Tasche klappen (rechte Taschenseite außen); das schützt sie beim Filzvorgang in der Waschmaschine. Gegen das Herausklappen die Taschenöffnung mit einer Sicherheitsnadel schließen.
Taschengriffe aus Holz, Bambus oder perlenverzierte Modelle sollten nicht dem Waschzyklus ausgesetzt werden, sondern man näht zuerst nur je ein Ende der vier Griffschlaufen wie oben beschrieben fest. Danach die Tasche filzen und dann erst die freien Enden der Schlaufen durch die Griffschlitze ziehen und festnähen.
Alle Fadenenden vernähen.
Die Tasche zum Filzen in der Maschine waschen (siehe Anleitung auf Seite 123 bis 124). Eventuell einen großen Druckknopf als Verschluss annähen.

Rostbraune Streifentasche

Diese Tasche wird nach derselben Anleitung angefertigt wie das Modell »Sanft gestreift mit Blüten« (Seite 86 bis 90). Zum Stricken jedoch je einen Faden von Pure Wool (Knitting4fun) in Rust (A) sowie von Kureyon (von Noro) in 201 (B) verwenden. Die Blüten werden dazu Ton in Ton aus Resten dieser zwei Garnsorten angefertigt.

Zweigeteilt im Noppendesign

Das brauchen Sie
- 150 g Natural Merino Wool (von Knitting4fun) in Light Grey (A)
- 150 g Natural Merino Wool (von Knitting4fun) in Dark Grey (B)
- Rundstricknadel, 8 mm stark, 60 cm lang
- Rundstricknadel, 10 mm stark, 60 oder 80 cm lang
- 2 Nadeln aus einem Nadelspiel, 10 mm stark
- Wollnadel (oder dicke Stick-, Stopfnadel)
- eventuell großer Druckknopf als Verschluss

Fertige Größe
Die Tasche misst ungefähr 25 cm in der Höhe und 29 cm in der Breite.

Mein Hang zu Noppen schlich sich mit dieser Tasche wieder ein. Doch offensichtlich war ich an diesem Tag nicht ganz so verrückt danach, denn ich kombinierte eine einfarbige mit einer genoppten Taschenhälfte.

Diese zwei Farben wählte ich für ein bestimmtes Outfit. Doch dieses Taschendesign sieht ganz fantastisch in zwei Helligkeitsstufen einer jeden Farbe aus, auch in zwei eng verwandten Tönen oder, wenn man mutig ist, in zwei hart aufeinander prallenden Kontrastfarben. Stellen Sie sich die Tasche in Schokoladenbraun zusammen mit Türkis vor oder in Fuchsia-Pink mit leuchtendem Orange.

Die Henkel dieser Tasche bestehen aus selbst gefertigten Strickschnüren. Um sie aber aufs Noppenthema abzustimmen, wurden – vor dem Filzen – die Enden durch die Maschen der Taschenwand gezogen und verknotet. Das Gestrick verfilzt sich fest rund um die Enden der Henkel, und die Knoten werden zu stattlichen Noppen, die bestens zu den anderen passen.

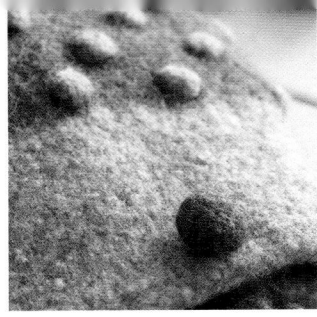

Maschenprobe

12 M und 14 R = 10 x 10 cm, wenn glatt re mit 10-mm-Stricknadeln und zweifädig gestrickt wird (Garn A). Fürs Filzen ist die Maschenweite aber nicht so wichtig.

Abkürzungen

Nop = Noppe: Mit 2 Fäden aus kontrastfarbenem Garn 3 M aus 1 M herausstr (1 M re, 1 M li, 1 M re). 3 Reihen glatt re über diese 3 M stricken, wenden. 1 dopp Überzug. Die 1 M auf li Nadel heben, mit dem Hauptgarn re abstr. Den Kontrastfaden abschneiden. Seine Enden zum Ausformen der Noppe anziehen, verknoten und vor dem Filzen auf der Noppenrückseite vernähen. Als Alternative das Kontrastgarn zunächst auf der Rückseite zwischen den Noppen als Spannfäden mitlaufen lassen und erst nach Beendigung der Noppenreihe durchschneiden.
Siehe auch Seite 125.

Taschenwand

80 M mit der 8-mm-Rundstricknadel anschlagen, dabei mit dem Garn A zweifädig stricken. Die Anschlagsreihe zu einer Runde verbinden, diese jedoch keinesfalls verdrehen. Mit einem Maschenmarkierer den Beginn der Runde kennzeichnen.

Runde 1: 1 M re, 1 M li im Wechsel bis Reih-Ende.
Runde 2: 1 M li, 1 M re im Wechsel bis Reih-Ende.
In diesem Perlmuster fortfahren: Dazu Runde 1, Runde 2 und Runde 1 wiederh.
In der letzten Runde mit 4 Sicherheitsnadeln die Henkelpositionen kennzeichnen: Dazu vom Rundenbeginn (Maschenmarkierer) M 10, 30, 50 und 70 abzählen.
Runde 6: * 19 M re, 2 M aus nächster M herausstr (= 1 M zun), ab * 4-mal wiederh = 84 M.
Zur 10-mm-Rundstricknadel wechseln und 7 Runden glatt re stricken.
Maschenmarkierer auf re Nadel heben. Die Taschenwand wie folgt weiterarbeiten:
Runde 14: 4 M re, 1 M aus Querf zun, 34 M re, 1 M aus Querf zun, 8 M re, 1 M aus Querf zun, 34 M re, 1 M aus Querf zun, 4 M re = 88 M.
Danach 7 Runden glatt re stricken.
Runde 22: 5 M re, 1 M aus Querf zun, 34 M re, 1 M aus Querf zun, 10 M re, 1 M aus Querf zun, 32 M re, 1 M aus Querf zun, 5 M re = 92 M.
Danach 3 Runden glatt re stricken.
Das Stricken mit Garn A beenden, nun zweifädig mit Garn B weiterarbeiten.
Danach 2 Runden glatt re stricken.
Runde 28: 6 M re, 1 M aus Querf zun, 34 M re, 1 M aus Querf zun, 12 M re, 1 M aus Querf zun, 32 M re, 1 M aus Querf zun, 6 M re = 96 M.
Runde 29 (Noppenrunde): * 7 M re, nächste M Nop. Ab * bis Rd-Ende wiederh.
6 Runden glatt re stricken.
Runde 36 (Noppenrunde): 3 M re, * nächste M Nop, 7 M re. Ab * bis vor die letzten 5 M der Runde wiederholen; nächste M Nop, 4 M re. 6 Runden glatt re stricken.
Runde 43 (Noppenrunde): Wie Runde 29 stricken. 6 Runden glatt re stricken.
Runde 50 (Noppenrunde): Wie Runde 36 stricken. 6 Runden glatt re stricken.
Runde 57 (Noppenrunde): Wie Runde 29 stricken. 5 Runden glatt re stricken.

Taschenboden

Maschenmarkierer auf re Nadel heben. Für den Boden wie folgt abnehmen:
Runde 63: 5 M re, 2 M zusstr, 34 M re, 2 M re verschr zusstr, 10 M re, 2 M zusstr, 34 M re, 2 M re verschr zusstr, 5 M re = 92 M.
Runde 64: 4 M re, 2 M zusstr, 34 M re, 2 M re verschr zusstr, 8 M re, 2 M zusstr, 34 M re, 2 M re verschr zusstr, 4 M re = 88 M.
Runde 65: 3 M re, 2 M zusstr, 34 M re, 2 M re verschr zusstr, 6 M re, 2 M zusstr, 34 M re, 2 M re verschr zusstr, 3 M re = 84 M.

Runde 66: 2 M re, 2 M zusstr, 34 M re, 2 M re verschr zusstr, 4 M re, 2 M zusstr, 34 M re, 2 M verschr zusstr, 2 M re = 80 M.
Runde 67: 1 M re, 2 M zusstr, 34 M re, 2 M re verschr zusstr, 2 M re, 2 M zusstr, 34 M re, 2 M verschr zusstr, 1 M re = 76 M.
Runde 68: 2 M zusstr, 34 M re, 2 M re verschr zusstr, 2 M zusstr, 34 M re, 2 M re verschr zusstr = 72 M.

Zum Schließen des Bodens die Tasche auf links wenden. Je 36 M auf die Enden der Rundstricknadel schieben. Beide Nadelspitzen nebeneinander halten. Mit einer dritten Stricknadel (genauso stark oder eine Nummer stärker als die Rundstricknadel) die ersten beiden M von jeder Nadel zusstr, dann die zweiten M, nun die erste M über die zweite M ziehen. Auf diese Weise werden die M abgekettet (nicht zu fest) und gleichzeitig wird der Taschenboden geschlossen. Diese Abfolge so oft wiederh, bis alle M abgekettet sind.

Zwei Taschenhenkel

Für einen Henkel mit zwei Fäden von Garn B und zwei 10 mm starken Nadeln des Nadelspiels 4 M anschlagen. Nun 1 Reihe glatt re stricken.
Danach die Nadeln von einer in die andere Hand geben, sodass sich das Gestrick wieder links befindet, jedoch ohne die Nadel zu drehen (der Arbeitsfaden hängt links). Dann die Maschen zum anderen Nadelende schieben und die nächste Reihe stricken, wobei der hinter den Maschen verlaufende Faden angezogen wird. Die ersten drei oder vier Reihen werden flach ausfallen, doch keine Sorge – danach wird das Gestrick schlauchförmig. Stets vor der ersten Masche einer jeden Reihe sehr kräftig am Faden ziehen, damit er nicht mehr auf der Rückseite sichtbar ist.
Auf diese Weise mit dem Verschieben und Stricken der Maschen fortfahren, bis der Henkel die gewünschte Länge hat. Weil er beim Filzen ungefähr um ein Drittel schrumpft, stricke ich für einen kurzen Handtaschenhenkel in der Regel 50 bis 60 Reihen, für längere Handtaschenhenkel 100 Reihen und für Schulterhenkel 120 bis 140 Reihen. Zum Schluss alle M abketten.

Fertigstellung

Die Enden der Henkel an den 4 mit Sicherheitsnadeln markierten Stellen von innen nach außen durch den gestrickten Taschenbeutel ziehen, ungefähr 5 Reihen unterhalb der oberen Kante. Die Enden der Henkel außen fest verknoten. Mit der Wollnadel und einem Faden von Garn B durch die Knoten nähen und diese am Gestrick befestigen, damit sie sich beim Filzvorgang nicht bewegen.
Alle Fadenenden vernähen.
Die Tasche zum Filzen in der Maschine waschen (siehe Anleitung auf Seite 123 bis 124). Eventuell einen großen Druckknopf als Verschluss annähen.

> Mein Hang zu Noppen schlich sich mit dieser Tasche wieder ein. Doch offensichtlich war ich an diesem Tag nicht ganz so verrückt danach, denn ich kombinierte eine einfarbige mit einer genoppten Taschenhälfte.

Zweigeteilt im Noppendesign

Violette Veilchen

Das brauchen Sie
- 250 g Pure Wool (von Knitting4fun) in Black (A)
- ein wenig Pure Wool (von Knitting4fun) in Purple, Damson und Apple Green
- ein wenig Space-Dyed Pure Wool (von Knitting4fun) in Purple
- ein wenig Fine Pure Wool (von Knitting4fun) in Lavender und Yellow
- Rundstricknadel, 8 mm stark, 40 oder 60 cm lang
- Rundstricknadel, 10 mm stark, 60 oder 80 cm lang
- Stricknadelpaar, 6 mm stark
- Stricknadelpaar, 8 mm stark
- Kunststoff-Taschengriffe (Paar)
- Wollnadel (oder dicke Stick-, Stopfnadel)
- eventuell großer Druckknopf als Verschluss
- eventuell Zierperlen

Zum Entwurf dieser Tasche inspirierte mich ein Abendkleid: das perfekteste kleine Schwarze, das ich in einer Boutique sah. Dazu wollte ich die passende Tasche anfertigen. Zur Verzierung strickte ich etliche Blüten in verschiedenen Farbschattierungen von Lavendel über Purpur bis Violett.

Einige Blüten habe ich direkt auf die Tasche genäht, einige größere jedoch auf Broschenplatinen. So kann ich sie abnehmen und als Ansteckblüten am Kleid tragen – eine wunderbar passende Ergänzung zur Tasche.

Dieses Modell gehört zu meinen beliebtesten Taschen, mehrere Versionen habe ich schon mit verschiedenfarbigen Blüten gestaltet. Bei der »Rosentasche« (siehe Seite 100) habe ich für das gewisse Funkeln die Blütenzentren mit schwarzen Kristallperlen geschmückt!

Wählen Sie für Ihre eigene Kreation die Garnfarben genau Ton in Ton oder als kontrastreiche Ergänzung zu Ihrer Kleidung aus. Die Blüten können Sie nach Belieben mit Perlen oder einfachen Stickstichen verzieren.

Fertige Größe
Die Tasche misst ungefähr 23 cm in der Höhe und 29 cm in der Breite.

Maschenprobe
12 M und 14 R = 10 x 10 cm, wenn glatt re mit 10-mm-Stricknadeln und zweifädig gestrickt wird (Garn A). Fürs Filzen ist die Maschenweite aber nicht so wichtig.

Abkürzungen
Siehe Seite 125.

Taschenwand

80 M mit der 8-mm-Rundstricknadel anschlagen, dabei das Garn A zweifädig verstricken. Die Anschlagsreihe zu einer Runde verbinden, diese jedoch keinesfalls verdrehen. Mit einem Maschenmarkierer den Beginn der Runde kennzeichnen.

Runde 1: 1 M re, 1 M li im Wechsel bis Reih-Ende.
Runde 2: 1 M li, 1 M re im Wechsel bis Reih-Ende.
In diesem Perlmuster fortfahren: dazu Runde 1 und 2 noch 2-mal wiederh.
Runde 7: * 19 M re, 2 M aus nächster M herausstr (= 1 M zun), ab * 4-mal wiederh = 84 M.
Zur 10-mm-Rundstricknadel wechseln und 10 Runden glatt re stricken.
Maschenmarkierer auf re Nadel heben. Die Taschenwand wie folgt weiterarbeiten:
Runde 18: 4 M re, 1 M aus Querf zun, 34 M re, 1 M aus Querf zun, 8 M re, 1 M aus Querf zun, 34 M re, 1 M aus Querf zun, 4 M re = 88 M.
Danach 10 Runden glatt re stricken.
Runde 29: 5 M re, 1 M aus Querf zun, 34 M re, 1 M aus Querf zun, 10 M re, 1 M aus Querf zun, 32 M re, 1 M aus Querf zun, 5 M re = 92 M.
Danach 10 Runden glatt re stricken.
Runde 40: 6 M re, 1 M aus Querf zun, 34 M re, 1 M aus Querf zun, 12 M re, 1 M aus Querf zun, 32 M re, 1 M aus Querf zun, 6 M re = 96 M.
Danach 15 Runden glatt re stricken.

Taschenboden

Maschenmarkierer auf re Nadel heben. Für den Boden wie folgt abnehmen:
Runde 56: 6 M re, 2 M zusstr, 32 M re, 2 M re verschr zusstr, 12 M re, 2 M zusstr, 32 M re, 2 M re verschr zusstr, 6 M re = 92 M.
Runde 57: 5 M re, 2 M zusstr, 32 M re, 2 M re verschr zusstr, 10 M re, 2 M zusstr, 32 M re, 2 M re verschr zusstr, 5 M re = 88 M.
Runde 58: 4 M re, 2 M zusstr, 32 M re, 2 M re verschr zusstr, 8 M re, 2 M zusstr, 32 M re, 2 M re verschr zusstr, 4 M re = 84 M.
Runde 59: 3 M re, 2 M zusstr, 32 M re, 2 M re verschr zusstr, 6 M re, 2 M zusstr, 32 M re, 2 M re verschr zusstr, 3 M re = 80 M.
Runde 60: 2 M re, 2 M zusstr, 32 M re, 2 M re verschr zusstr, 4 M re, 2 M zusstr, 32 M re, 2 M re verschr zusstr, 2 M re = 76 M.
Runde 61: 1 M re, 2 M zusstr, 32 M re, 2 M re verschr zusstr, 2 M re, 2 M zusstr, 32 M re, 2 M re verschr zusstr, 1 M re = 72 M.
Runde 62: 2 M zusstr, 32 M re, 2 M re verschr zusstr, 2 M zusstr, 32 M re, 2 M re verschr zusstr = 68 M.
Zum Schließen des Bodens die Tasche auf links wenden. Je 34 M auf die Enden der Rundstricknadel schieben. Beide Nadelspitzen nebeneinander halten. Mit einer dritten

Stricknadel (genauso stark oder eine Nummer stärker als die Rundstricknadel) die ersten beiden M von jeder Nadel zusstr, dann die zweiten M, nun die erste M über die zweite M ziehen. Auf diese Weise werden die M abgekettet (nicht zu fest) und gleichzeitig wird der Taschenboden geschlossen. Diese Abfolge so oft wiederh, bis alle M abgekettet sind.

Vier Griffschlaufen
Für eine Griffschlaufe 4 M mit einem Faden von Garn A und 8-mm-Stricknadeln anschlagen. Nun 8 Reihen re M stricken, danach abketten.

Große Blüte
11 M mit einem Wollfaden und 6-mm-Stricknadeln anschlagen.
Reihe 1: 10 M re, wenden.
Reihe 2: 1 M abh, 8 M re, wenden.
Reihe 3: 1 M abh, 7 M re, wenden.
Reihe 4: 1 M abh, 6 M re, wenden.
Reihe 5: 1 M abh, 5 M re, wenden.
Reihe 6: 1 M abh, 4 M re, wenden.
Reihe 7: 1 M abh, 3 M re, wenden.
Reihe 8: 1 M abh, bis Reih-Ende re M stricken.
Reihe 9: 1 Überzug, restliche M abketten.
Die letzte M auf der Nadel lassen und 10 neue M anschlagen = 11 M.
Für 5 oder 6 weitere Blütenblätter diese 9 Reihen entsprechend wiederh.
Letzte M abketten, den Faden bis auf ein 50 cm langes Ende abschneiden. Die Blüte zum Ring schließen, dazu den Faden durch die inneren schmalen Blattkanten ziehen. Die Blütenmitte einkräuseln und durch Stiche sichern.

Kleine Blüte
9 M mit einem Wollfaden und 6-mm-Stricknadeln anschlagen.
Reihe 1: 8 M re, wenden.
Reihe 2: 1 M abh, 6 M re, wenden.
Reihe 3: 1 M abh, 5 M re, wenden.
Reihe 4: 1 M abh, 4 M re, wenden.
Reihe 5: 1 M abh, 3 M re, wenden.
Reihe 6: 1 M abh, bis Reih-Ende re M stricken.
Reihe 7: 1 Überzug, restliche M abketten.
Die letzte M auf der Nadel lassen und 8 weitere M anschlagen = 9 M.
Für 5 oder 6 weitere Blütenblätter diese 7 Reihen entsprechend wiederh. Die Blüte wie das größere Exemplar fertigstellen.

> Zum Entwurf dieser Tasche inspirierte mich ein Abendkleid: das perfekteste kleine Schwarze, das ich in einer Boutique sah.

Mini-Blüten

7 M mit einem Wollfaden und 6-mm-Stricknadeln anschlagen.

Reihe 1: * 6 M abketten, die letzte M auf die linke Nadel heben, dann 6 M neu anschlagen. Ab * diesen Vorgang 5- bis 6-mal wiederh. Letzte M abketten, den Faden bis auf ein 50 cm langes Ende abschneiden. Die Blüte zum Ring schließen, dazu den Faden durch die inneren schmalen Blattkanten ziehen. Die Blütenmitte einkräuseln und durch Stiche sichern.

Blattbüschel

15 M mit einem Wollfaden und 6-mm-Stricknadeln anschlagen.

Reihe 1: * 14 M abketten, die letzte M auf die linke Nadel heben, dann 14 M neu anschlagen. Ab * diesen Vorgang 2- bis 3-mal wiederh. Den Faden bis auf ein 40 cm langes Ende abschneiden, die letzte M abketten und den Faden vernähen.

Fertigstellung

Die Blüten und Blattbüschel mit ihren Fadenenden vorn auf die Tasche nähen (siehe Foto), die Mitte der Blüten eventuell mit einem Knötchenstich besticken oder mit einer Perle verzieren.

Dann den Abstand zwischen den beiden Schlitzen eines Kunststoff-Taschengriffs ausmessen. Danach die Position für die gestrickten Schlaufen mit Stecknadeln entsprechend auf der Innenseite der Tasche markieren. Mit der Wollnadel und einem Faden von Garn A je eine Schmalseite der Schlaufen an diesen Markierungen annähen, etwa 1 cm unterhalb der Taschenkante. Die freien Schlaufenenden durch die Schlitze der Griffe ziehen und ebenfalls innen festnähen, etwa 1 cm unterm anderen Ende. Die Griffe fest mit Luftpolsterfolie umwickeln und in die Tasche klappen (rechte Taschenseite außen); das schützt sie beim Filzvorgang in der Waschmaschine. Gegen das Herausklappen die Taschenöffnung mit einer Sicherheitsnadel schließen. Taschengriffe aus Holz, Bambus oder perlenverzierte Modelle sollten nicht dem Waschzyklus ausgesetzt werden, sondern man näht zuerst nur je ein Ende der vier Griffschlaufen wie oben beschrieben fest. Danach die Tasche filzen und dann erst die freien Enden der Schlaufen durch die Griffschlitze ziehen und festnähen. Alle Fadenenden vernähen. Die Tasche zum Filzen in der Maschine waschen (siehe Anleitung auf Seite 123 bis 124). Eventuell einen großen Druckknopf als Verschluss annähen.

Rosentasche

Verfahren Sie nach derselben Anleitung wie bei »Violette Veilchen« (Seite 96 bis 100). Zur Abwechslung wurden hier rote statt violette Garne für die Blüten verarbeitet.

Kleine Blütentasche

Das brauchen Sie
- 150 g Pure Wool (von Knitting4fun) in Apple Green (A)
- 100 g Catena (von Ice) in Farbe 6513 (B)
- ein wenig Pure Wool (von Knitting4fun) in Purple, Orange und Yellow.
- Rundstricknadel, 8 mm stark, 40 oder 60 cm lang
- Rundstricknadel, 9 mm stark, 60 cm lang
- 2 Nadeln aus einem Nadelspiel, 9 mm stark
- Stricknadelpaar, 5 mm stark
- Wollnadel (oder dicke Stick-, Stopfnadel)
- eventuell großer Druckknopf als Verschluss
- eventuell Zierperlen

Fertige Größe
Die Tasche misst ungefähr 23 cm in der Höhe und 20 cm in der Breite.

Nach einem langen Winter kam endlich der Frühling, und in meinem Garten blühten die frühen Stiefmütterchen, schöne Zwiebelpflanzen und Primeln. Diese Tasche spiegelt die wunderbaren Frühlingsfarben wider.
Ich habe sie mit reiner Wolle in Apfelgrün gestrickt, zusammen mit einem Polyamid-Garn. Seine vielen frischen Farben ziehen sich durchs Grün und beleben es, denn das leicht strukturierte Leiterbändchen-Garn verleiht dem Modell nach dem Filzen einen Bouclé-Effekt.

Wegen seiner zierlichen Größe ist das Modell sehr schnell gestrickt und leicht zu verarbeiten – ideal für eine Party. Ich war dafür bekannt, erst einen Tag vor dem Ausgehen mit dem Stricken zu beginnen, weshalb sich die Tasche bei meiner Ankunft auf der Party vom Filzvorgang noch ein klein wenig feucht anfühlte.

Die Blüten sind ebenfalls leicht herzustellen und aus reiner Wolle in abgestuften Farbtönen gestrickt. Nach dem Aufnähen kann man sie im Zentrum zusätzlich mit einem Knötchenstich besticken oder mit einer Perle verzieren. Stellen Sie so viele oder so wenige Blüten her, wie Sie möchten. Arrangieren Sie sie gruppenweise oder wie zufällig »gestreut« rund um die Tasche.

Maschenprobe

12 M und 14 R = 10 x 10 cm, wenn glatt re mit 10-mm-Stricknadeln und zweifädig gestrickt wird (Garn A und B gemeinsam). Fürs Filzen ist die Maschenweite aber nicht so wichtig.

Abkürzungen

Siehe Seite 125.

Taschenwand

55 M mit der 8-mm-Rundstricknadel anschlagen, dabei jeweils einen Faden von Garn A und B gemeinsam verstricken. Die Anschlagsreihe zu einer Runde verbinden, diese jedoch keinesfalls verdrehen. Mit einem Maschenmarkierer den Beginn der Runde kennzeichnen.

Runde 1: 1 M re, 1 M li im Wechsel bis vor die letzte M, dann 1 M re.
Runde 2: 1 M li, 1 M re im Wechsel bis vor die letzte M, dann 1 M li.
In diesem Perlmuster fortfahren: dazu Runde 1, Runde 2 und Runde 1 wiederh.
Runde 6: * 10 M re, 2 M aus nächster M herausstr (= 1 M zun), ab * 5-mal wiederh = 60 M.
Zur 9-mm-Rundstricknadel wechseln und 10 Runden glatt re stricken.
Maschenmarkierer auf re Nadel heben. Die Taschenwand wie folgt weiterarbeiten:
Runde 17: 3 M re, 1 M aus Querf zun, 24 M re, 1 M aus Querf zun, 6 M re, 1 M aus Querf zun, 24 M re, 1 M aus Querf zun, 3 M re = 64 M.
Danach 12 Runden glatt re stricken.
Runde 30: 4 M re, 1 M aus Querf zun, 24 M re, 1 M aus Querf zun, 8 M re, 1 M aus Querf zun, 24 M re, 1 M aus Querf zun, 4 M re = 68 M.
Danach 14 Runden glatt re stricken.

Taschenboden

Maschenmarkierer auf re Nadel heben. Für den Boden wie folgt abnehmen:
Runde 45: 4 M re, 2 M zusstr, 22 M re, 2 M re verschr zusstr, 8 M re, 2 M zusstr, 22 M re, 2 M re verschr zusstr, 4 M re = 64 M.
Runde 46: 3 M re, 2 M zusstr, 22 M re, 2 M re verschr zusstr, 6 M re, 2 M zusstr, 22 M re, 2 M re verschr zusstr, 3 M re = 60 M.
Runde 47: 2 M re, 2 M zusstr, 22 M re, 2 M re verschr zusstr, 4 M re, 2 M zusstr, 22 M re, 2 M re verschr zusstr, 2 M re = 56 M.
Runde 48: 1 M re, 2 M zusstr, 22 M re, 2 M re verschr zusstr, 2 M re, 2 M zusstr, 22 M re, 2 M re verschr zusstr, 1 M re = 52 M.
Runde 49: 2 M zusstr, 22 M re, 2 M re verschr zusstr, 2 M zusstr, 22 M re, 2 M re verschr zusstr = 48 M.
Zum Schließen des Bodens die Tasche auf links wenden. Je 24 M auf die Enden der Rundstricknadel schieben. Beide Nadelspitzen nebeneinander halten. Mit einer dritten Stricknadel (genauso stark oder eine Nummer stärker als die Rundstricknadel) die ersten beiden M von jeder Nadel zusstr, dann die zweiten M, nun die erste M über die zweite M ziehen. Auf diese Weise werden die M abgekettet (nicht zu fest) und gleichzeitig wird der Taschenboden geschlossen. Diese Abfolge so oft wiederh, bis alle M abgekettet sind.

Zwei Taschenhenkel

Für einen Henkel mit zwei Fäden von Garn A und zwei 9 mm starken Nadeln des Nadelspiels 4 M anschlagen. Nun 1 Reihe glatt re stricken.

Danach die Nadeln von einer in die andere Hand geben, sodass sich das Gestrick wieder links befindet, jedoch ohne die Nadel zu drehen (der Arbeitsfaden hängt links). Dann die Maschen zum anderen Nadelende schieben und die nächste Reihe stricken, wobei der hinter den Maschen verlaufende Faden angezogen wird. Die ersten drei oder vier Reihen werden flach ausfallen, doch keine Sorge – danach wird das Gestrick schlauchförmig. Stets vor der ersten Masche einer jeden Reihe sehr kräftig am Faden ziehen, damit er nicht mehr auf der Rückseite sichtbar ist.

Auf diese Weise mit dem Verschieben und Stricken der Maschen fortfahren, bis der Henkel die gewünschte Länge hat. Weil er beim Filzen ungefähr um ein Drittel schrumpft, stricke ich für einen kurzen Handtaschenhenkel in der Regel 50 bis 60 Reihen, für längere Handtaschenhenkel 100 Reihen und für Schulterhenkel 120 bis 140 Reihen. Zum Schluss alle M abketten. Den zweiten Henkel genauso anfertigen.

Mini-Blüten

7 M mit einem Wollfaden und 5 mm starken Stricknadeln anschlagen.

Reihe 1: * 6 M abketten, die letzte M auf die linke Nadel heben, dann 6 M neu anschlagen. Ab * diesen Vorgang 5- bis 6-mal wiederh. Letzte M abketten, den Faden bis auf ein 50 cm langes Ende abschneiden. Die Blüte zum Ring schließen, dazu den Faden durch die inneren schmalen Blattkanten ziehen. Die Blütenmitte einkräuseln und durch Stiche sichern.

Fertigstellung

Die Blüten mit ihren Fadenenden vorn auf die Tasche nähen, dabei am Foto orientieren. Die Mitte der Blüten eventuell mit einem Knötchenstich besticken oder mit einer Perle verzieren.

Mit einer Wollnadel und Garn A den Henkel von innen gegen den oberen Taschenrand nähen, das Ende sollte ungefähr 1,5 cm von der Oberkante entfernt sein.

Alle Fadenenden vernähen.

Die Tasche zum Filzen in der Maschine waschen (siehe Anleitung auf Seite 123 bis 124). Eventuell einen großen Druckknopf als Verschluss annähen.

Nach einem langen Winter kam endlich der Frühling, und in meinem Garten blühten die frühen Stiefmütterchen, schöne Zwiebelpflanzen und Primeln. Diese Tasche spiegelt die wunderbaren Frühlingsfarben wider.

Pompon perfekt

Das brauchen Sie
- 200 g Pure Wool (von Knitting4fun) in Fuchsia (A)
- 150 g Pure Wool (von Knitting4fun) in Lavender (B)
- 50 g Popcorn (von Crystal Palace Yarns) in Violet Plums 442 (C)
- 50 g Pure Wool (von Knitting4fun) in Purple (D)
- Rundstricknadel, 8 mm stark, 60 cm lang
- Rundstricknadel, 10 mm stark, 60 oder 80 cm lang
- 2 Nadeln aus einem Nadelspiel, 10 mm stark
- Stricknadelpaar, 8 mm stark
- Knopf oder Knebel als Verschluss
- Wollnadel (oder dicke Stick-, Stopfnadel)

Fertige Größe
Die Tasche misst ungefähr 25 cm in der Höhe und 30 cm in der Breite.

Einst entdeckte ich dieses bezaubernde Popcorn-Garn und musste davon unbedingt ein Knäuel erwerben – so wie schon Hunderte anderer Garnsorten, die ich in meinem ganzen Haus verstaut habe.

Nachdem ich die Tasche »Zweigeteilt im Noppendesign« (siehe Seite 92) gestaltet hatte, wollte ich nochmals mit einer ähnlichen waagerechten Aufteilung der Farben arbeiten. Der in der Mitte sitzende Streifen aus Popcorn-Garn trennt die zwei unifarbenen Flächen, verbindet aber die Töne ausgewogen miteinander – eine perfekte Anwendungsmöglichkeit für mein Knäuel.

Die angeknoteten Henkel und die Verschlussklappe mit dem Knebel sind in einem dritten Farbton gestrickt, den ich aus dem Popcorn-Garn herausgesucht habe.

Auch für viele andere Farbstellungen bietet sich dieser Entwurf an, denn es gibt wirklich vielfältige Pompon- und Popcorn-Garne in wunderbaren Farbkombinationen. Als Alternative können Sie dieses Effektgarn auch nur in einzelnen, zufällig angeordneten Reihen verarbeiten: auf einem nur mit einer Hauptfarbe durchgehend gestrickten Untergrund aus reiner Wolle.

Maschenprobe

12 M und 14 R = 10 x 10 cm, wenn glatt re mit 10-mm-Stricknadeln und zweifädig gestrickt wird (Garn A). Fürs Filzen ist die Maschenweite aber nicht so wichtig.

Abkürzungen

Siehe Seite 125.

Taschenwand

80 M mit der 8-mm-Rundstricknadel anschlagen, dabei mit dem Garn A zweifädig stricken. Die Anschlagsreihe zu einer Runde verbinden, diese jedoch keinesfalls verdrehen. Mit einem Maschenmarkierer den Beginn der Runde kennzeichnen.

Runde 1: 1 M re, 1 M li im Wechsel bis Rd-Ende.

Runde 2: 1 M li, 1 M re im Wechsel bis Rd-Ende.

In diesem Perlmuster fortfahren: dazu Runde 1, Runde 2 und Runde 1 wiederh.

In der letzten Runde mit 4 Sicherheitsnadeln die Henkelpositionen kennzeichnen: dazu vom Rundenbeginn (Maschenmarkierer) M 10, 30, 50 und 70 abzählen.

Runde 6: * 19 M re, 2 M aus nächster M herausstr (= 1 M zun), ab * 4-mal wiederh = 84 M. Zur 10-mm-Rundstricknadel wechseln und 12 Runden glatt re stricken. Maschenmarkierer auf re Nadel heben. Die Taschenwand wie folgt weiterarbeiten:

Runde 19: 4 M re, 1 M aus Querf zun, 34 M re, 1 M aus Querf zun, 8 M re, 1 M aus Querf zun, 34 M re, 1 M aus Querf zun, 4 M re = 88 M. Dann 6 Runden glatt re stricken. Das Stricken mit Garn A beenden, nun für den Zwischenstreifen mit je einem Faden von Garn B und C weiterarbeiten: Dazu weitere 6 Runden nur li M stricken; linke Maschen bringen die Noppen des Effektgarns gut auf die rechte Gestrickseite. Das Stricken mit Garn C beenden, dafür zweifädig mit Garn B weiterarbeiten.

Runde 32: 5 M re, 1 M aus Querf zun, 34 M re, 1 M aus Querf zun, 10 M re, 1 M aus Querf zun, 34 M re, 1 M aus Querf zun, 5 M re = 92 M. Dann 12 Runden glatt re stricken.

Runde 45: 6 M re, 1 M aus Querf zun, 34 M re, 1 M aus Querf zun, 12 M re, 1 M aus Querf zun, 34 M re, 1 M aus Querf zun, 6 M re = 96 M. Dann 17 Runden glatt re stricken.

Taschenboden

Maschenmarkierer auf re Nadel heben. Für den Boden wie folgt abnehmen:

Runde 63: 6 M re, 2 M zusstr, 32 M re, 2 M re verschr zusstr, 12 M re, 2 M zusstr, 32 M re, 2 M re verschr zusstr, 6 M re = 92 M.

Runde 64: 5 M re, 2 M zusstr, 32 M re, 2 M re verschr zusstr, 10 M re, 2 M zusstr, 32 M re, 2 M re verschr zusstr, 5 M re = 88 M.

Runde 65: 4 M re, 2 M zusstr, 32 M re, 2 M re verschr zusstr, 8 M re, 2 M zusstr, 32 M re, 2 M re verschr zusstr, 4 M re = 84 M.

Runde 66: 3 M re, 2 M zusstr, 32 M re, 2 M re verschr zusstr, 6 M re, 2 M zusstr, 32 M re, 2 M re verschr zusstr, 3 M re = 80 M.

Runde 67: 2 M re, 2 M zusstr, 32 M re, 2 M re verschr zusstr, 4 M re, 2 M zusstr, 32 M re, 2 M re verschr zusstr, 2 M re = 76 M.

Runde 68: 1 M re, 2 M zusstr, 32 M re, 2 M re verschr zusstr, 2 M re, 2 M zusstr, 32 M re, 2 M re verschr zusstr, 1 M re = 72 M.

Runde 69: 2 M zusstr, 32 M re, 2 M re verschr zusstr, 2 M zusstr, 32 M re, 2 M re verschr zusstr = 68 M.

Zum Schließen des Bodens die Tasche auf links wenden. Je 34 M auf die Enden der Rundstricknadel schieben. Beide Nadelspitzen nebeneinander halten. Mit einer dritten Stricknadel (genauso stark oder eine Nummer stärker als die Rundstricknadel) die ersten beiden M von jeder Nadel zusstr, dann die zweiten M, nun die erste M über die zweite M ziehen. Auf diese Weise werden die M abgekettet (nicht zu fest) und der Taschenboden wird geschlossen. Diese Abfolge so oft wiederh, bis alle M abgekettet sind.

Verschlussklappe

Aus dem Taschenrand, zwischen zwei Sicherheitsnadeln, 14 M mit der 8-mm-Rundstricknadel aufnehmen: mit nur einem Faden von Garn D. Dann 16 Reihen nur rechte M stricken.
Reihe 17: 2 M re verschr zusstr, 10 M re, 2 M re zusstr = 12 M.
Reihe 18 (1. Knopflochreihe): 4 M re, 4 M abketten, re M bis Reih-Ende = 8 M.
Reihe 19 (2. Knopflochreihe): 2 M re verschr zusstr, 2 M re, 3 M anschl, 2 M re, 2 M re zusstr = 9 M.
Reihe 20: nur re M stricken.
Reihe 21: 2 M re verschr zusstr, 5 M re, 2 M re zusstr = 7 M. Alle M abketten.

Zwei Taschenhenkel

Für einen Henkel mit zwei Fäden von Garn D und zwei 10 mm starken Nadeln des Nadelspiels 4 M anschlagen. Nun 1 Reihe glatt re stricken.
Danach die Nadeln von einer in die andere Hand geben, sodass sich das Gestrick wieder links befindet, jedoch ohne die Nadel zu drehen (der Arbeitsfaden hängt links). Dann die Maschen zum anderen Nadelende schieben und die nächste Reihe stricken, wobei der hinter den Maschen verlaufende Faden angezogen wird. Die ersten drei oder vier Reihen werden flach ausfallen, doch keine Sorge – danach wird das Gestrick schlauchförmig. Stets vor der ersten Masche einer jeden Reihe sehr kräftig am Faden ziehen, damit er nicht mehr auf der Rückseite sichtbar ist. Bis zur gewünschten Länge stricken, weil er beim Filzen ungefähr um ein Drittel schrumpft. Für kurze Henkel 50 bis 60, für längere 100 und für Schulterhenkel 120 bis 140 Reihen stricken. Zum Schluss alle M abketten. Den zweiten Henkel genauso anfertigen.

Fertigstellung

Die Enden der Henkel an den 4 mit Sicherheitsnadeln markierten Stellen von innen nach außen durch den gestrickten Taschenbeutel ziehen, ungefähr 5 Reihen unterhalb der oberen Kante. Die Enden der Henkel außen fest verknoten. Mit der Wollnadel und einem Faden von Garn D durch die Knoten nähen und diese am Gestrick befestigen, damit sie sich beim Filzvorgang nicht bewegen. Alle Fadenenden vernähen. Dann Filzen (s. S. 123 bis 124), Knopf oder Knebel passend zum Knopfloch annähen.

Einst entdeckte ich dieses bezaubernde Popcorn-Garn und musste davon unbedingt ein Knäuel erwerben – so wie schon Hunderte anderer Garnsorten, die ich in meinem ganzen Haus verstaut habe.

Garne und Techniken

Die Basis-Taschenformen sind sehr leicht zu stricken, weshalb sich Strickneulinge ganz sicher an die Projekte heranwagen können. Genauso einfach ist der Filzvorgang, denn die Waschmaschine erledigt all die harte Arbeit für Sie. In diesem Kapitel finden Sie auch sämtliche Informationen, die Sie brauchen, um das Garn für Ihre Taschen auszuwählen.

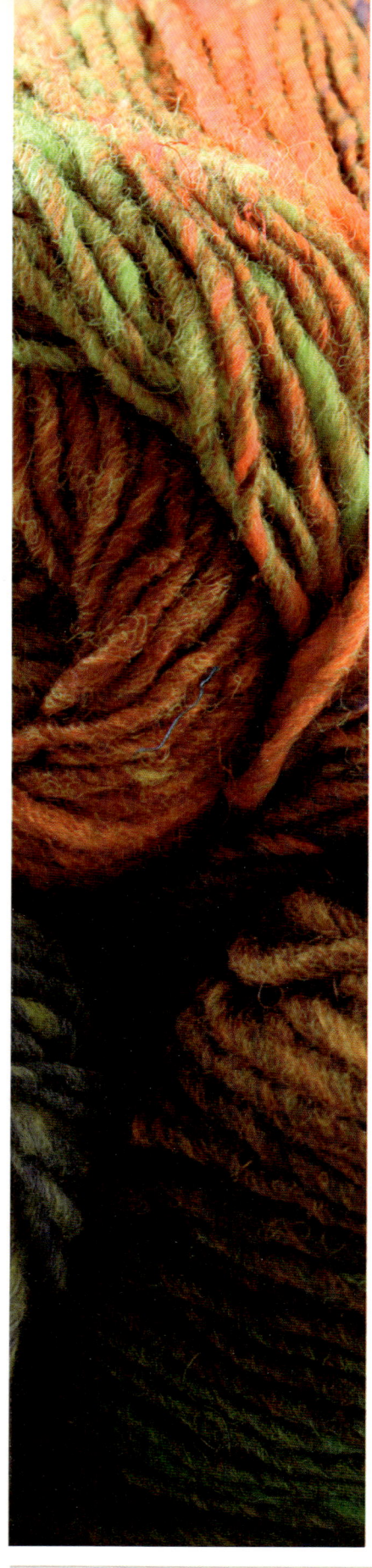

Garne wählen und verstricken

Die Taschen dieses Buches sind mit unterschiedlichsten Garnen gestrickt. Die fürs jeweilige Modell benutzte Sorte ist in jeder Anleitung genannt (Anbieter: Seite 126). Doch das Wunderbare am Filzen ist, dass sich mit Wolle experimentieren lässt. Sie können also auch Varianten mit meinen Ersatzgarn-Tipps oder anderem Garn ausprobieren.

Verwendete Garne

Hier folgt die Auflistung aller Garne, die für die Taschen dieses Buches verwendet wurden. Falls Sie andere Sorten einsetzen möchten, blättern Sie zu den Seiten 113 bis 118, dort finden Sie Ideen und Empfehlungen für Ersatzgarne (LL = Lauflänge).

- Knitting4fun: Pure Wool, 100 % reine Wolle, LL 200 m/100 g
- Knitting4fun: Chunky Pure Wool, 100 % reine Wolle, LL 100 m/100 g
- Knitting4fun: Space-Dyed Pure Wool, 100 % reine Wolle, LL 150 m/100 g
- Knitting4fun: Natural Merino Wool, 100 % reine Wolle, LL 200 m/100 g
- Knitting4fun: Fine Pure Wool, 100 % reine Wolle, LL 250 m/100 g
- Knitting4fun: Banana Fibre Kaleidoscope Yarn, 100 % Bananenfaser, LL 130-150 m/200 g
- Knitting4fun: Recycled Sari Silk Yarn, 100 % Seide, LL 130-150 m/100 g
- Colinette: Giotto, 50 % Baumwolle, 40 % Rayon, 10 % Nylon, LL 144 m/100 g
- Crystal Palace Yarns: Popcorn, 100 % Nylon, LL 67 m/50 g
- Elle: Pizzazz, 65 % Acryl, 35 % Polyester, LL 55 m/50 g
- Filati FF: Park, 68 % Polyester, 32 % Nylon, LL 40 m/50 g
- Ice: Long Eyelash, 100 % Polyester, LL 35 m/50 g
- Ice: Catena, 100 % Polyamid, LL 100 m/50 g
- Katia: CanCan, 100 % Polyester, LL 42 m/50 g
- Lang Yarns: Mille Colori, 50 % Schurwolle, 50 % Acryl, LL 92 m/50 g
- Noro: Kureyon, 100 % reine Wolle, LL 100 m/50 g

Ersatzgarne

Ich habe durchgehend für dieses Buch meine eigenen Knitting4fun-Garne aus reiner Wolle eingesetzt. Sie sind ausgiebig getestet, und ich weiß, dass sie bei 40 °C in der Waschmaschine wunderbar verfilzen und ihre Farbe behalten. Wenn Sie jedoch bei einem bestimmten Modell anderes Garn nehmen möchten, bekommen Sie einige Vorschläge von mir. Die Ergebnisse kann ich zwar nicht garantieren, doch ich habe diese Garne schon selbst für Filzprojekte verwendet.

Bei jeder Taschenanleitung ist die erforderliche Garnmenge fürs jeweils angegebene Material genannt. Dennoch sollten Sie nicht einfach dieselbe Menge des Ersatzgarns kaufen, denn die Knäuel der verschiedenen Garnsorten unterscheiden sich voneinander. Selbst wenn Material und Knäuelgewicht gleich sind, kann eine andere Garnlänge enthalten sein. Notieren Sie also die Lauflänge des vorgeschlagenen Garns bei der einzelnen Taschenanleitung (siehe Liste gegenüber) und multiplizieren Sie diese Angabe mit der benötigten Menge, um die gesamte Garnlänge fürs Modell zu errechnen. Dann kaufen Sie mindestens dieselbe Länge von Ihrem Ersatzgarn.

Am besten stricken und filzen Sie ein großes Probestück mit Ihrem Ersatzgarn, bevor Sie mit Ihrem Projekt starten (siehe »Das Gestrick filzen«, Seite 123). Notieren Sie sich, wie sich das Garn filzen lässt. Erst wenn Sie mit dem Ergebnis zufrieden sind, stricken Sie Ihre Tasche.

Vorschläge für Ersatzgarn

Als Ersatzgarn anstelle aller Knitting4fun-Wollgarne eignen sich zum Beispiel:

- Brown Sheep Company Inc.: Top of the Lamb, Worsted, 100 % Wolle, 173 m/1 Strang
- Brown Sheep Company Inc.: Lamb's Pride, Worsted, 85 % Wolle, 15 % Mohair, 173 m/1 Strang
- Cascade Yarns: Cascade 220 Wool, 100 % peruanische Wolle, 201 m/100 g

Garne wählen und verstricken

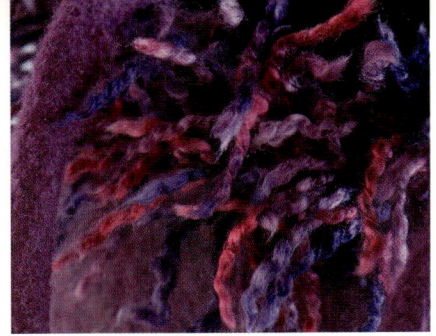
Purpur pur

Blumentopf

Flower Power

Farbkasten-Tasche

Hier die Effektgarn-Vorschläge, die sich anstelle der angegebenen Sorten für die Taschen eignen. (Ersatzvorschläge für Knitting4fun-Garne: Siehe Seite 113.) Wegen des riesigen Garnangebots habe ich generell nur die Art beschrieben und keine Marken genannt. So finden Sie sicherlich Passendes in Ihrem Wollgeschäft.

PURPUR PUR, SEITE 10
Verwendetes Garn
- Knitting4fun: Pure Wool in Purple und Damson, 100 % reine Wolle, 200 m/100 g
- Elle: Pizzazz in Poison 252, 65 % Acryl, 35 % Polyester, 55 m/50 g

Ich wählte die Knitting4fun-Wolle in zwei verwandten Abstufungen eines Farbtons, passend zum Pizzazz-Garn.

Ersatzgarn

Jedes Fransengarn, vielleicht anders texturiert, eignet sich für den oberen Rand.

BLUMENTOPF, SEITE 14
Verwendetes Garn
- Knitting4fun: Pure Wool in Rust, 100 % reine Wolle, 200 m/100 g
- Colinette: Giotto in Windfall 149, 50 % Baumwolle, 40 % Rayon, 10 % Nylon, 144 m/100 g
- Knitting4fun: Pure Wool in Apple Green, Yellow und Cream, 100 % reine Wolle, 200 m/100 g

Das Giotto-Garn verleiht der Tasche nach dem Filzen Struktur und Glanz.

Ersatzgarn

Alle Bändchengarne geben einen ähnlichen, wenn auch nicht identischen Effekt.

FLOWER POWER, SEITE 18
Verwendetes Garn
- Knitting4fun: Pure Wool in Lime Green und Turquoise, 100 % reine Wolle, 200 m/100 g
- Colinette: Giotto in Lagoon 138, 50 % Baumwolle, 40 % Rayon, 10 % Nylon, 144 m/100 g

Diese Mischung von Farben und Garnen erinnert im Aussehen an Tweedstoff.

Ersatzgarn

Andere Bändchengarne wirken ähnlich, wenn Sie die Farbe sorgfältig wählen.

FARBKASTEN-TASCHE, SEITE 22
Verwendetes Garn
- Knitting4fun: Pure Wool, 100 % reine Wolle, 200 m/100 g

Es ist die Mischung der intensiven Farben, die die Tasche so beeindruckend macht.

Ersatzgarn

Wählen Sie auch beim Ersetzen des angegebenen Garns viele kräftige Töne.

POPPIGE TASCHE, SEITE 30
Verwendetes Garn
- Knitting4fun: Pure Wool in Turquoise, 100 % reine Wolle, 200 m/100 g
- Elle: Pizzazz in Carnival 253, 65 % Acryl, 35 % Polyester, 55 m/50 g
- Ice: Long Eyelash in Fuchsia, 100 % Polyester, 35 m/50 g

Ich mag die stark strukturierten, dreadlockartigen Wedel des Pizzazz-Garns.

Ersatzgarn

Jede Fransengarnmischung wird die Taschenoberkante flauschig gestalten.

Garne und Techniken

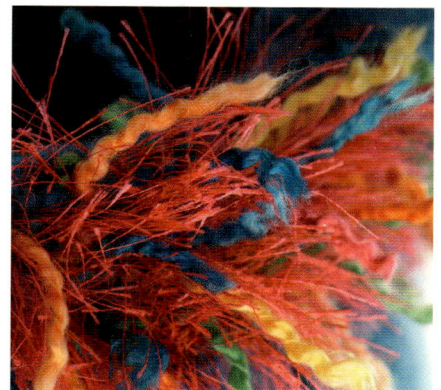

Poppige Tasche

BÜCHERTASCHE, SEITE 34
Verwendetes Garn
- Knitting4fun: Pure Wool in Turquoise, 100 % reine Wolle, 200 m/100 g
- Filati FF: Park in Farbe 45, 68 % Polyester, 32 % Nylon, 40 m/50 g
- Ice: Catena in Aqua/Green/Blue, 100 % Polyamid, 100 m/50 g

Pompon-Garn erzeugt schwammartig dicken, den Laptop schützenden Filz.

Ersatzgarn

Nehmen Sie irgendein Fransengarn, Pompon- oder Popcorn-Garn.

FLAUSCHRAND UND NOPPEN IN ORANGE, SEITE 36
Verwendetes Garn
- Knitting4fun: Natural Merino Wool in Grey, 100 % reine Wolle, 200 m/100 g
- Ice: Long Eyelash in Orange 8814, 100 % Polyester, 35 m/50 g
- Knitting4fun: Pure Wool in Orange, 100 % reine Wolle, 200 m/100 g

Das fransige Long-Eyelash-Garn bildet einen dicken, luxuriösen Taschenrand.

Ersatzgarn

Hier eignen sich alle Garne mit Fransen: je länger und dicker, desto effektvoller.

KREATIV MIT WOLLRESTEN, SEITE 40
Verwendetes Garn
- Knitting4fun: Pure Wool, 100 % reine Wolle, 200 m/100 g
- Fransen-, Feder- oder Bändchengarne

Ein Taschendesign zum Resteverwerten.

Ersatzgarn

Übrig gebliebene Fransen-, Feder-, Bändchen- oder andere Effektgarne.

RETRO-KNÖPFE-TASCHE, SEITE 46
Verwendetes Garn
- Knitting4fun: Pure Wool in Brown, 100 % reine Wolle, 200 m/100 g
- Katia: CanCan in Brown, 100 % Polyester, 42 m/50 g

Das Cancan-Garn mit langen Doppelfransen bildet einen flauschigen Rand.

Ersatzgarn

Jedes langfransige Garn ist geeignet.

WABENMUSTER MIT HEBEMASCHEN, SEITE 50
Verwendetes Garn
- Knitting4fun: Pure Wool in Fuchsia und Orange, 100 % reine Wolle, 200 m/100 g
- Ice: Long Eyelash in Fuchsia und Orange, 100 % Polyester, 35 m/50 g

Bunter wird der fransige Rand, wenn man pro Reihe die Farben abwechselt.

Ersatzgarn

Je zwei Farbtöne eines jeden Fransengarns eignen sich für den Flauschrand.

Poppige Büchertasche

Flauschrand und Noppen in Orange

Kreativ mit Wollresten

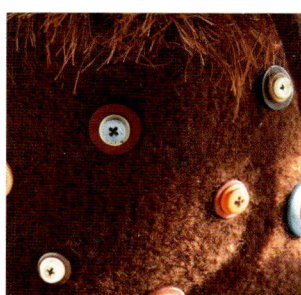

Retro-Knöpfe-Tasche

Wabenmuster mit Hebemaschen

Garne wählen und verstricken

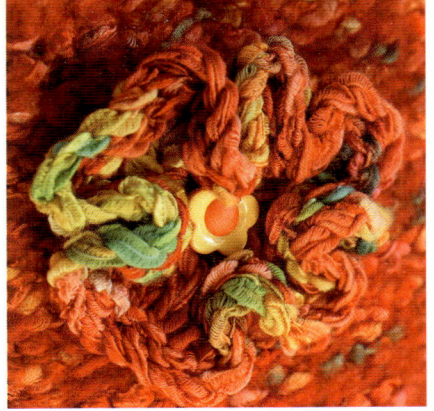
Rote Wolle mit Bändchengarn

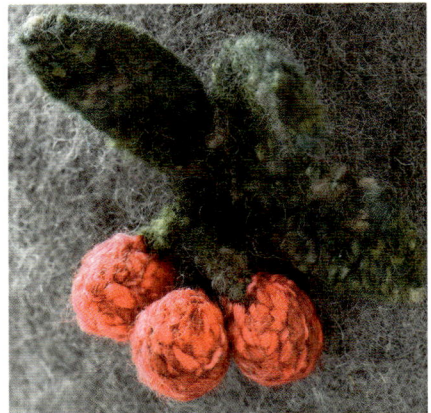
Reife Kirschen

Tasche aus recycelter Sari-Seide
Tasche mit Bananenfasern

ROTE WOLLE MIT BÄNDCHENGARN, SEITE 56

Verwendetes Garn

- Knitting4fun: Pure Wool in Red, 100 % reine Wolle, 200 m/100 g
- Colinette: Giotto in Fire 71, 50 % Baumwolle, 40 % Rayon, 10 % Nylon, 144 m/100 g

Diese Tasche profitiert vom tweedstoffähnlichen Effekt, den das Colinette-Garn beim Verfilzen mit der reinen Wolle erzeugt.

Ersatzgarn

Sie können jedes Bändchengarn zur Erzeugung ähnlicher Effekte nehmen.

REIFE KIRSCHEN, SEITE 60

Verwendetes Garn

- Knitting4fun: Natural Merino Wool in Dark Grey und Light Grey, 100 % reine Wolle, 200 m/100 g
- Knitting4fun: Space-Dyed Pure Wool in Red und Green, 100 % reine Wolle, 150 m/100 g

Die Space-Dyed-Wolle sorgt für feine und natürlich wirkende Farbabstufungen bei den Kirschen und Blättern.

Ersatzgarn

Testen Sie Fjord Print (reine Wolle; Crystal Palace) oder Karaoke Multi (Wollmischung; South West Trading Company).

TASCHE AUS RECYCELTER SARI-SEIDE, SEITE 66

Verwendetes Garn

- Knitting4fun: Pure Wool in Fuchsia, 100 % reine Wolle, 200 m/100 g
- Knitting4fun: Recycled Sari Silk Yarn, 100 % Seide, 130-150 m/100 g

Die wunderschön leuchtenden Farben des Knitting4fun-Garns passen gut zu denen im Recycled-Sari-Silk-Garn.

Ersatzgarn

Sie können ähnliche Effekte mit jedem Garn aus recycelter Sari-Seide erzeugen.

TASCHE MIT BANANENFASERN, SEITE 70

Verwendetes Garn

- Knitting4fun: Pure Wool in Violet, 100 % reine Wolle, 200 m/100 g
- Knitting4fun: Banana Fibre Kaleidoscope Yarn, 100 % Bananenfaser, 130-150 m/200 g

Auch das Bananenfasergarn passt gut zu den Farben der Knitting4fun-Wollgarns.

Ersatzgarn

Sie können ähnliche Effekte mit jedem Bananenfasergarn erzeugen.

Kleine Satteltasche

KLEINE SATTELTASCHE, SEITE 72

Verwendetes Garn

- Knitting4fun: Pure Wool in Deep Pink, 100 % reine Wolle, 200 m/100 g
- Lang: Mille Colori in Farbe 65, 50 % Schurwolle, 50 % Acryl, 92 m/50 g

Das reine Wollgarn schließt das Mille-Colori-Garn ein, was nach dem Filzen als feiner Bouclé-Effekt ins Auge fällt.

Ersatzgarn

Testen Sie Fjord Print (reine Wolle; Crystal Palace) oder Karaoke Multi (Wollmischung; South West Trading Company).

EICHENLAUB MIT EICHELN, SEITE 76

Verwendetes Garn

- Knitting4fun: Pure Wool in Apple Green, Gold und Brown, 100 % reine Wolle, 200 m/100 g
- Knitting4fun: Pure Wool in Jade, 100 % reine Wolle, 200 m/100 g
- Noro: Kureyon in Farbe 173, 100 % reine Wolle, 100 m/50 g

Sie können das Aussehen eines bunten Garns verändern, indem Sie es zusammen mit einfarbiger Wolle verstricken, die einige Töne aus dem mehrfarbigem Garn aufgreift.

Ersatzgarn

Sie können jedes mehrfarbige Garn aus reiner Wolle zusammen mit einfarbigem Wollgarn ausprobieren.

CHIC IN SCHWARZ-WEISS, SEITE 82

Verwendetes Garn

- Knitting4fun: Pure Wool in Black, 100 % reine Wolle, 200 m/100 g
- Elle: Pizzazz in Zest 250, 65 % Acryl, 35 % Polyester, 55 m/50 g
- Ice: Long Eyelash in Black 7711, 100 % Polyester, 35 m/50 g

Die Mischung des Pizzazz- und des Long-Eyelash-Garns sorgen für einen auffällig strukturierten Taschenrand.

Ersatzgarn

Sie können auch zwei andere Fransengarnsorten nehmen, um eine ähnliche, wenn auch nicht identische Wirkung zu erzielen.

SANFT GESTREIFT MIT BLÜTEN, SEITE 86

Verwendetes Garn

- Knitting4fun: Pure Wool in Jade, 100 % reine Wolle, 200 m/100 g
- Noro: Kureyon in Farbe 173, 100 % reine Wolle, 100 m/50 g

Sie können das Aussehen eines bunten Garns verändern, indem Sie es zusammen mit einfarbiger Wolle verstricken, die einige Töne aus dem mehrfarbigem Garn aufgreift.

Ersatzgarn

Sie können jedes mehrfarbige Garn aus reiner Wolle zusammen mit einfarbigem Wollgarn ausprobieren.

Eichenlaub mit Eicheln

Chic in Schwarz-Weiß

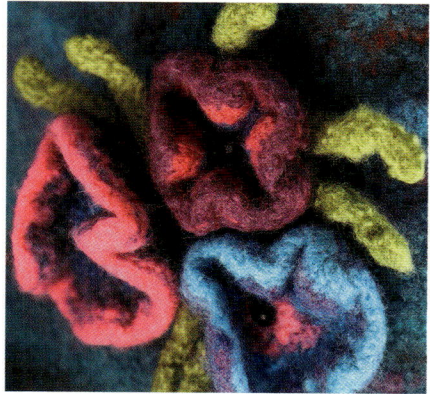

Sanft gestreift mit Blüten

Garne wählen und verstricken

Zweigeteilt im Noppendesign

Violette Veilchen

Kleine Blütentasche

ZWEIGETEILT IM NOPPENDESIGN, SEITE 92

Verwendetes Garn

- Knitting4fun: Natural Merino Wool in Light Grey und Dark Grey, 100 % reine Wolle, 200 m/100 g

Die Mischung aus zwei Grautönen sorgt für den raffiniert zurückhaltenden Look.

Ersatzgarn

Reines Wollgarn in zwei Schattierungen nur einer Farbe erzeugt diese Wirkung.

VIOLETTE VEILCHEN, SEITE 96

Verwendetes Garn

- Knitting4fun: Pure Wool in Black, Purple, Damson und Apple Green, 100 % reine Wolle, 200 m/100 g
- Knitting4fun: Space-Dyed Pure Wool in Purple, 100 % reine Wolle, 150 m/100 g
- Knitting4fun: Fine Pure Wool in Lavender und Yellow, 100 % reine Wolle, 250 m/100 g

Das Space-Dyed-Garn mit seinen feinen Abstufungen in den Blüten holt das Beste aus diesen einfachen Formen heraus.

Ersatzgarn

Testen Sie Fjord Print (reine Wolle; Crystal Palace) oder Karaoke Multi (Wollmischung; South West Trading Company).

KLEINE BLÜTENTASCHE, SEITE 102

Verwendetes Garn

- Knitting4fun: Pure Wool in Apple Green, Purple, Orange und Yellow, 100 % reine Wolle, 200 m/100 g
- Ice: Catena in Farbe 6513, 100 % Polyamid, 100 m/50 g

Wird dieses Catena-Leiterbändchengarn zusammen mit reiner Wolle gefilzt, umschließt die Wolle das Acrylgarn, die Oberfläche wirkt später sehr boucléähnlich.

Ersatzgarn

Auch mit anderen Leiterbändchengarnen, kombiniert mit reiner Wolle, erhalten Sie einen ähnlichen Effekt.

POMPON PERFEKT, SEITE 106

Verwendetes Garn

- Knitting4fun: Pure Wool in Fuchsia, Purple und Lavender, 100 % reine Wolle, 200 m/100 g
- Crystal Palace Yarns: Popcorn in Violett Plums 442, 100 % Nylon, 67 m/50 g

Ich mag Struktur und Farben des Popcorn-Garns. Es war leicht an die Farbpalette des Knitting4fun-Garns anzupassen.

Ersatzgarn

Für diese Tasche können Sie auch andere Pompon- oder Popcorngarne nehmen.

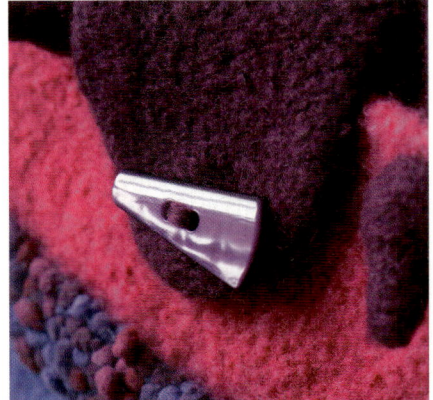
Pompon perfekt

Garne und Techniken

Griffe, Perlen und Knöpfe

Viele meiner gestrickten und gefilzten Taschen besitzen Kunststoffgriffe und zur Verzierung sowohl Perlen als auch Knöpfe. Anbieter für dieses Zubehör finden Sie auf Seite 126.

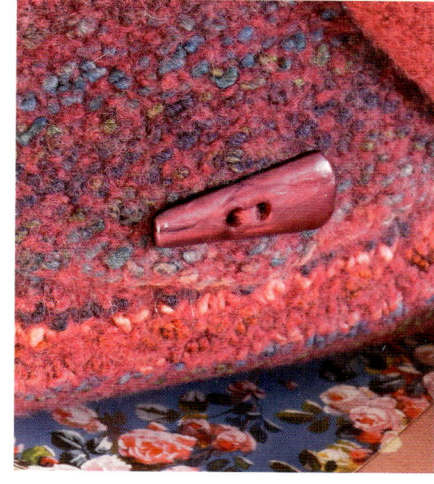

Ich habe verschiedene Arten von Handtaschengriffen eingesetzt. Sie bestehen aus haltbarem Kunststoff und werden in einer großen Vielfalt an Farben, Formen und Größen angeboten. Auch gibt es Griffe in recht ungewöhnlichen Farben und Mustern, die vielleicht wunderbar zu den von Ihnen gewählten Garnfarben passen.

Die von mir verwendeten Knöpfe stammen aus verschiedenen Quellen. Einige hatte ich jahrelang gesammelt, andere verkaufe ich über meine Website. Eine riesige Auswahl an Knöpfen ist über das Internet zu beziehen – erst Ihre persönliche Wahl macht aus Ihren Taschen ein Unikat.

Es ist schön, einige selbst gesammelte Knöpfe aufzubrauchen, Knöpfe, an denen Erinnerungen hängen. Das ist besser, als sie in irgendeiner Kiste versteckt zu horten.

Die Perlen, mit denen ich die Blüten einiger Taschen, die in diesem Buch gezeigt sind, verziert habe, sind Rocailles der Größe 11 und 15 sowie tschechische und Swarovski-Kristallperlen in verschiedenen Größen.

Die Taschen stricken

Die Anleitungen in diesem Buch sind unkompliziert. Selbst wenn Sie Strickneuling sind, sollten Sie eine Tasche stricken können. Tatsächlich verzeiht der Filzvorgang viele »Sünden«: Ein ungleichmäßiges Strickbild, verdrehte und gar fallengelassene Maschen werden unsichtbar. So brauchen sich Anfänger also kaum Sorgen zu machen.

Mit einer Rundstricknadel stricken

Alle Taschen dieses Buches wurden mit Rundstricknadeln gestrickt. Ich mag diese Nadeln, denn so brauche ich später keine Nähte zu schließen. Rundstricknadeln gibt es mit Spitzen aus Plastik, Bambus, Holz, Metall oder Kunstharz. Wählen Sie einfach die Sorte, mit der Sie am liebsten arbeiten.

Manche Leuten finden das Stricken mit Rundstricknadeln offensichtlich schwierig, doch es ist ganz einfach – sofern das Kunststoffseil, das die Nadelteile verbindet, die richtige Länge hat. Ist es zu kurz, sitzen die Maschen dicht gedrängt zusammen und rutschen bei jeder Gelegenheit von der Nadelspitze. Ist es zu lang, reichen die Maschen nicht von einem Ende zum anderen. Bei jeder Taschenanleitung ist angegeben, wie lang die zu beschaffende Rundstricknadel sein soll.

Wenn Sie die benötigte Maschenanzahl angeschlagen haben, verteilen Sie diese gleichmäßig über die gesamte Rundstricknadel. Sobald Sie die erste Masche mit der letzten für die erste Strickrunde verbinden, achten Sie darauf, dass die Anschlagsreihe nicht verdreht ist, denn sonst dreht sich das ganze Gestrick, und Sie müssten von vorn beginnen.

Stricken Sie die erste Masche sehr fest, wenn Sie Anfang und Ende der Anschlagsreihe verbinden. Das herabhängende Fadenende winde ich um den Arbeitsfaden herum, was die Anfangsmasche zusammenzieht und die Verbindungsstelle sichert.

Setzen Sie außerdem einen Maschenmarkierer zwischen die erste und letzte Masche einer Runde auf die Nadel, so erkennen Sie leicht den Rundenanfang. Das ist nötig, um stets die gewünschte Rundenzahl festzustellen und um beim Zu- und Abnehmen den Überblick über die richtigen Stellen zu behalten.

Geeignet sind Maschenmarkierer aus Plastik, Metall und solche mit Perlen. Es reicht aber auch eine kontrastfarbene Garnschlaufe – aber bitte nicht versehentlich wie eine normale Masche mitstricken!

Bei der Markierung angelangt, nutzen Sie die Gelegenheit zu einer Pause, einer Tasse Tee, oder gehen Sie zu Bett. Sonst stricken Sie noch Runde um Runde um Runde um …

Der Maschenanschlag liegt am oberen Taschenrand. Damit dieser fest wird, strickt man einige Reihen mit einer Nadel, die dünner ist als die für den übrigen Taschenbeutel. Strickt man im Perlmuster, rollt sich die Kante nicht ein. Für einen Flauschrand mit Fransengarn strickt man einige Reihen linke Maschen, so gelangen mehr fransige Fasern auf die Taschenaußenseite.

Danach wechseln Sie zu einer dickeren Rundstricknadel, um den Taschenbeutel nur mit rechten

> Ich finde das Rundstricken nahezu hypnotisierend, denn ich gerate in einen Rhythmus und habe das Gefühl, das Gestrick wird damit schneller fertig als mit geraden Nadeln.

Maschen weiterzustricken. Dabei entsteht keine kraus rechts gestrickte Fläche (wie bei Hin- und Rückreihen, wenn man mit zwei geraden Stricknadeln arbeitet), sondern durch die Runden ergibt sich eine glatt rechts gestrickte Fläche.

Viele Taschen werden zum Schluss mit drei Nadeln abgekettet; das sichert die Maschen und schließt gleichzeitig den Taschenboden. Nach dem Filzen ist diese »Naht« beinahe unsichtbar.

Jeder, der an Arthritis leidet, wird das Rundstricken einfacher finden als die Arbeit mit geraden Nadeln: Das Kunststoffseil in Ihrem Schoß nimmt das Gewicht des Gestricks auf – bei geraden Nadeln überträgt es sich auf Ihre Handgelenke.

Ich finde das Rundstricken nahezu hypnotisierend, denn ich gerate in einen Rhythmus und habe das Gefühl, das Gestrick wird damit schneller fertig als mit geraden Nadeln.

Rundstricknadeln lassen sich auch leichter mitnehmen als lange gerade Nadeln. So kann man erfreulicherweise im Bus oder Zug stricken, ohne riskieren zu müssen, seinen Sitznachbarn ständig mit den Nadelenden zu stechen. Muss man die Arbeit aus irgendeinem Grund unterbrechen, zieht man die Nadelenden zusammen nach oben; so ruhen alle Maschen auf dem Kunststoffseil, bis es ans Weiterstricken geht.

Mit einem Nadelspiel stricken

Vier oder fünf kurze Stricknadeln mit Spitzen an beiden Enden braucht man, um den Taschenboden einiger Modelle zu stricken, falls die Maschenanzahl nicht für eine Rundstricknadel ausreicht. Die Vorstellung, mit mehr als zwei Nadeln zu stricken, mag abschrecken. Doch sobald Sie den Dreh heraushaben, werden Sie merken, dass nur zwei Nadeln gleichzeitig arbeiten; die anderen, zur Zeit nicht gebrauchten ignorieren Sie einfach.

Stricknadeln mit Spitzen an beiden Enden kauft man als vier- oder fünfteiliges Set (Nadelspiel). Man kann die Maschen leicht in gleicher oder ähnlicher Anzahl auf die Nadeln verteilen. Bei vier Nadeln verteilen Sie die Maschen auf drei Nadeln und stricken sie mit der vierten Nadel ab. Bei fünf Nadeln verteilen Sie die Maschen auf vier Nadeln und stricken sie mit der fünften ab.

Normalerweise ist darauf zu achten, dass sich zwischen der letzten Masche einer Nadel und der ersten Masche der nächsten keine Lücke bildet. Aber bei diesen Taschen sind nach dem Filzen derartige Lücken kaum erkennbar.

Für die Taschenhenkel aus Strickschnur nehmen Sie zwei Stricknadeln eines Nadelspiels, das geht am schnellsten. Ich habe eine Strickliesel benutzt, doch die Zwei-Nadel-Technik scheint viel schneller und praktischer zu sein, denn die Maschenanzahl kann variiert werden.

Der Filzvorgang verzeiht viele »Sünden«: Ein ungleichmäßiges Strickbild, verdrehte und gar fallengelassene Maschen werden unsichtbar.

Garne und Techniken

Das Gestrick filzen

Ist Ihre Tasche gestrickt, geht es ans Filzen. Das ist nicht schwierig – die Waschmaschine erledigt diese Arbeit für Sie. Lesen Sie dennoch dieses Kapitel durch. Falls Sie Ersatzgarn nehmen (siehe Seite 113), stricken und filzen Sie zuerst ein Probestück, bevor Sie die Tasche anfertigen.

Wie das Foto von einer kreativen Tasche aus Wollresten (siehe Seite 40) zeigt, sieht das Gestrick vor dem Filzen unförmig und sehr schlaff aus. Aber keine Sorge – beim Filzen verwandelt es sich!

Die Wollgarne meiner Taschen bestehen aus selbstimportierter reiner Merinowolle. Sie verfilzt wunderbar bei 40 °C zu einem festen, nach dem Trocknen formbeständigen Filz. Die Farbpalette ist riesig; neue Töne lassen sich durchs Zusammenstricken mehrerer Farben ermischen.

Weil diese Wolle so gut und leicht verfilzt, können andere Garnsorten mitgestrickt werden; sofern diese nicht wollenen Sorten dünner sind als das Wollgarn, klappt das Filzen gut. Die Wolle schließt das andere Material ein und ergibt dennoch ein ausreichend stabiles Taschenmaterial. Weil die Wolle schon bei 40 °C verfilzt, nehmen Acryl- oder andere Fasern keinen Schaden – was bei höherer Temperatur der Fall wäre.

Da man Wollgarn mit nicht wollenen Sorten mischen kann, ergeben sich viele Struktur- und Deko-Ideen. Die besten Erfahrungen habe ich mit Sari-Seiden-, Fransen-, Feder-, Bändchen-, Bananenfaser-, Metallic- und Paillettengarn gemacht.

Vor dem Filzen erinnert die gestrickte Tasche vermutlich sehr an ein hässliches Entlein, aber sie wird sich in einen Schwan verwandeln! Die Tasche ist zunächst unerwartet groß, doch sie wird in der Länge ungefähr um ein Drittel schrumpfen und in der Breite um ein Viertel. Auch die fast lächerlich langen Henkel werden dramatisch einlaufen und nach dem Filzen sehr fest sein.

Ich ziehe es vor, weiteres Dekor schon vor dem Filzen und nicht nachträglich anzunähen, denn so filzen sie sich gut an der Tasche fest und werden zum integrierten Bestandteil. Nähen Sie den Zierrat mit reinem Wollgarn mit dicker Stopf- oder Sticknadel an. Knöpfe, die als Verschluss dienen, befestige ich ebenfalls mit Wolle, damit sie gut an der Tasche festgefilzt sind und sicher halten. Auch Druckknöpfe nähen Sie mit Wollgarn fest, um es ins Gestrick einzufilzen. Nur Knöpfe, die lediglich der Dekoration dienen, fixiere ich manchmal erst nach dem Filzen, denn sie können sich dabei leicht verschieben.

In der Waschmaschine filzen

In dieser Phase verwandelt sich Ihr schlaffes, riesiges gestricktes Etwas in eine prächtige und praktikable Filztasche.

Ich filze meine gestrickten Taschen in einer Frontlader-Waschmaschine. Wählen Sie das volle 40-°C-Programm und keine Kurzwäsche, denn nur so wird Ihre Tasche ausreichend bewegt. Diese Bewegung ist sehr wichtig, denn sie bewirkt gemeinsam mit der Wärme das Verfilzen der Wolle. Manche Maschinen erfordern für perfekte Ergebnisse vielleicht eine höhere Temperatur. Das 40-°C-Programm verwandelt das Knitting4fun-Garn in festen Filz, so wie ich ihn schätze. Mögen Sie ihn lockerer, testen Sie ein kürzeres Waschprogramm oder andere Temperaturen.

Ich nehme Waschpulver und gebe die Tasche meist in die leere Maschine, selten zusammen mit Handtüchern, Jeans oder alten Turnschuhen – ich denke, die Tasche verfilzt besser allein. Damit sich keine Fasern im Filter ansammeln, stecken Sie das Gestrick in einen Kopfkissenbezug, besonders wenn Sie Mohairgarn verarbeitet haben. Einen leicht zu öffnenden Filter reinigen Sie am besten regelmäßig, so verstopft er nicht, und die Waschmaschine nimmt keinen Schaden.

Nach dem Schleudergang holen Sie die Tasche möglichst bald aus der Maschine, ansonsten können sich Knicke bilden. Sollte die Tasche nach dem Programmdurchlauf noch nicht gut genug gefilzt sein, wiederholen Sie das Programm mit derselben, also nicht mit höherer Temperatur. Erst wenn es wieder nicht geklappt hat, waschen Sie im dritten Versuch mit höherer Temperatur. Eine gut verfilzte Tasche ist in der Höhe um ein Drittel geschrumpft und in der Breite um ein Viertel. Bedenken Sie dieses Einlaufen, wenn Sie eigene Taschenmodelle entwerfen.

Danach zieht man die Tasche in Form: Ich nehme dafür Blechdosen oder Schachteln. Das Ausformen gelingt nur bei feuchtem Filz. Ist er allerdings schon trocken, muss er neu befeuchtet werden. Füllen Sie die Dosen so in die feuchte Tasche, dass der Filz gestrafft die richtige Form erhält. Lassen Sie die dosengefüllte Tasche trocknen: auf einer Fensterbank oder einem Heizkörper. Sollten die Henkel etwas zu stark eingelaufen sein, hängen Sie die gefüllte Tasche zum Trocknen an den Heizkörper, um die Henkel durch das Gewicht etwas zu dehnen.

Sind die Henkel nicht fest genug verfilzt, greifen Sie die feuchte Tasche und schlagen Sie die Henkel draußen gegen eine Mauer. Das scheint die Wolle zu stauchen und zu festigen. Auch den Taschenbeutel können Sie so behandeln, falls er nicht genug verfilzt ist. Doch denken Sie an Ihre Nachbarn und den Postboten – sie könnten glauben, Sie seien verrückt, da Sie Ihre Tasche gegen die Wand schlagen.

Finde ich die gefilzte Tasche zu flauschig, was vom Garn abhängt (Mohair und Alpaka sind sehr haarig), rasiere ich die Tasche manchmal mit einer Haarschneidemaschine. Oft erledige ich das draußen, damit die Vögel die Fasern fürs Nest nehmen können. Nun aber glauben die Nachbarn und der Postbote, ich sei komplett verrückt; eine auf der Türschwelle sitzende Frau, die ihre Tasche rasiert, ist nicht alltäglich!

Ich selbst habe noch keine Tasche von Hand gefilzt, aber Freunde von mir. Das gestrickte Modell waschen Sie in einem großen Kochtopf mit warmem Wasser. Rühren Sie es kräftig hin und her und werfen Sie es oft ins Spülbecken, um die Wolle zu stauchen. Spülen sie die Tasche unter fließendem kalten Wasser aus, dann unter heißem, werfen Sie sie weiter ins Becken oder auf die Abtropffläche; schlagen und walken Sie das Gestrick zu einem festen Filz.

Abkürzungen und Nadelstärken-Tabelle

A, B, C Farben, wie in jeweiliger Materialliste angegeben

abh abheben

abstr abstricken

anschl anschlagen (M neu aufnehmen)

darüberstr darüberstricken

dopp Überzug doppelter Überzug: 1 M abh, 2 M zusstr, die abgehobene M über die gestrickte ziehen. (Ist eine Methode, 2 M abzunehmen.)

feste M feste Masche(n) (häkeln)

fortl fortlaufend

glatt re glatt rechts (Beim Rundenstricken: In jeder Runde nur rechte Maschen stricken. Beim Reihenstricken: In Hinreihe rechte, in Rückreihe linke Maschen stricken.)

herausstr herausstricken (siehe »zunehmen«)

Hinr Hinreihe(n)

Kettm Kettmasche(n) (häkeln)

li links

LL Lauflänge (m pro g; je nach Garnstärke verschieden)

Luftm Luftmasche(n) (häkeln)

M Masche(n)

Querf Querfaden (siehe »zunehmen«)

R Reihe(n)

Rd-Ende Rundenende

re rechts

Reih-Ende Reihenende

Rückr Rückreihe(n)

str stricken

Überzug 1 M abh, 1 M zusstr, die abgehobene M über die gestrickte ziehen. (Ist eine Methode, 1 M abzunehmen.)

verschr verschränkt (Beispiel: Bei einer re verschr M nicht ins vordere, sondern ins hintere Maschenglied einstechen, so dreht sich die Masche. Bei li verschr M umgekehrt.)

wiederh wiederholen

zun zunehmen (Maschen vermehren) (Beispiele: 2 M aus 1 M herausstricken, dazu 1 M re ins vordere Maschenglied, dann 1 M re ins hintere Maschenglied stricken, dann erst die Ausgangsmasche von der linken Nadel gleiten lassen. Oder: Aus Querfaden zwischen zwei Maschen zunehmen, diesen dazu auf die linke Nadel heben und dann verschränkt abstricken.)

zusstr zusammenstricken

Stricknadelstärken

Es gibt international verschiedene Systeme zur Kennzeichnung von Stricknadelstärken; die Millimeter-Angabe bezieht sich auf den Durchmesser. Als Orientierung kann diese Konversionstabelle dienen.

metrisch	US	britisch, kanadisch
1,5 mm	000	-
1,75 mm	00	-
2 mm	0	14
2,25 mm	1	13
2,75 mm	2	12
3 mm	2/3	11
3,25 mm	3	10
3,5 mm	4	-
3,75 mm	5	9
4 mm	6	8
4,5 mm	7	7
5 mm	8	6
5,5 mm	9	5
6 mm	10	4
6,5 mm	10 ½	3
7 mm	10 ½	2
7,5 mm	11	1
8 mm	11	0
9 mm	13	00
10 mm	15	000
15 mm	19	-
19 mm	35	-
25 mm	50	-

Bezugsquellen

Die heutigen Strickbegeisterten können sich über eine riesige Auswahl an Garnen freuen, die sie auch per Post bestellen oder übers Internet beziehen können. Hier ist eine Anbieterliste der Sorten, die ich für dieses Buch benutzt habe. Sicher werden Sie über (internationale) Webseiten auch Fachhändleradressen in Ihrem Umkreis in Deutschland, der Schweiz und Österreich finden. Und dies nicht nur für Garne, sondern auch für Knöpfe, Perlen und Kunststoff-Taschengriffe.

Wenn Sie das angegebene Material, auch Knöpfe und Perlen, nicht in Geschäften oder Online-Shops finden, ersetzen Sie es durch ähnliche Sorten. Nehmen Sie für das Garn die angegebene Lauflänge und die Maschenprobe als Anhaltspunkt. Fertigen Sie sicherheitshalber zuerst ein quadratisches Probestück an.

Anbieter von Garnen

Knitting4fun ist meine eigene Garnfirma. Ich habe sie gegründet, weil ich mich gequält habe, die Garne zu finden, die ich haben wollte. Vor allem biete ich Naturfasergarne an, neben reiner Wolle aber auch Wollmischungen. Viele dieser Sorten sind fair gehandelte Produkte, vor allem aus Südamerika und Nepal. Besuchen Sie einfach unsere Webseite, um zu schauen, was wir gerade so treiben:
www.knitting4fun.com

Garne von »Brown Sheep«:
www.brownsheep.com
Garne von »Cascade«:
www.cascadeyarns.com
Garne von »Colinette«:
www.colinette.com
Garne von »Crystal Palace«, inklusive »Fjord Print Worsted Wool«:
www.crystalpalaceyarns.com
Garne von »Noro«:
www.designeryarns.uk.com
Garne von »Elle«:
www.elleyarnsuk.com
Garne von »Filati FF«:
www.filatiyarn.com
www.knittingfever.com
Garne von »Ice«:
www.iceyarn.com
Garne von »Katia«:
www.katia.es
Garne von »Lang Yarns«:
www.langyarns.com
»Karaoke«, Multi-Woll-Blend-Garne:
www.soysilk.com

Zwei meiner Lieblingsanbieter mit einer großen Palette an wunderschönen Garnen:
www.creativeyarns.co.uk
www.yarn-paradise.com

Mein Lieblingsanbieter für wunderschöne Stoffe, Kurzwaren und Wolle, außerdem führt er Knitting4fun-Garne:
www.heathscountrystore.com

Anbieter von Kunststoff-Taschengriffen

www.joggles.com
www.karrydot.co.uk
www.u-handbag.com

Anbieter von Knöpfen

www.buttoncompany.co.uk
www.buttonsunlimited.co.uk

Anbieter von Perlen

www.beadmerchant.co.uk
www.spellboundbead.co.uk

Register

A
Abkürzungen 125

B
Bezugsquellen 126
»Blumentopf« 14–17
»Büchertasche« 34

C
»Chic in Schwarz-Weiß« 82–85

E
»Eichenlaub mit Eicheln« 76–81
Eimertaschen 8–27
Einführung 6–7
Ersatzgarne 113

F
»Farbkasten-Tasche« 22–27
Filztechnik 123–124
Flache Taschen mit schmalem Boden 28–53
»Flauschrand und Noppen in Orange« 36–39
»Flauschrand und Noppen in Rot« 39
»Flower Power« 18–21

G
Garne 110–118
Garne wählen und verstricken 112–118
Gestrick filzen 123–124
Griffe 119

K
»Kleine Blütentasche« 102–105
»Kleine Satteltasche« 72–75
Knöpfe 119
»Kreativ mit Wollresten« 40–43

N
Nadelspiel 122
Nadelstärken-Tabelle 125

P
Perlen 119
»Pompon perfekt« 106–109
»Poppige Tasche« 30–33
»Purpur pur« 10–13

R
»Reife Kirschen« 60–64
»Reihenweise Kirschen« 64
»Retro-Knöpfe-Tasche« 46–49
»Rosentasche« 100
»Rostbraune Streifentasche« 90
»Rote Wolle mit Bändchengarn« 56–59
»Runde Restetasche« 44
Rundstricknadel 121

S
»Sanft gestreift mit Blüten« 86–90
Stricknadeln 121, 122, 125
Stricktechnik 120–122

T
»Tasche aus recycelter Sari-Seide« 66–69
»Tasche mit Bananenfasern« 70

V
Variationen in Form und Dekor 54–109
»Violette Veilchen« 96–100

W
»Wabenmuster mit Hebemaschen« 50–53
Waschmaschine 124

Z
»Zweigeteilt im Noppendesign« 92–95

Danksagungen

Hier ist die Gelegenheit, den vielen Leuten zu danken, die mir auf meinem Weg geholfen haben, auch wenn sie es nicht gemerkt haben.

Die Patin meiner Mutter, Tantchen Mo, und meine Großmutter Ida lehrten mich als Kind das Stricken und Häkeln sowie andere Handarbeiten, und mein Großvater Joe kaufte mir meist all die Materialien, die ich brauchte. Außerdem konnte ich ihm damals gar nicht hoch genug anrechnen, dass er mich so stark unterstützt hat. Tantchen Mo nahm mich mit nach Nottingham zu Bellman's Yarn Shop. Dort schien es Unmengen von Farben und kleinen Knäueln mit wunderbaren Garnen zu geben. Man spendierte mir etwas Garn und danach ein Getränk und Kuchen in einem Café. Dort startete meine Garn-Besessenheit – in diesen jungen Jahren.

Ich möchte meinen College-Lehrerinnen danken, Cherrilyn Tyler und Pauline Barke, die mich unterstützten und ermutigten, meine Ideen zu entwickeln, und mir das Vertrauen gaben, sie nach außen zu tragen. Auch Sandra Coleridge, die ich über Valerie Campbell Harding kennenlernte, als sie gemeinsam unterrichteten. Sie alle waren wertvolle Freundinnen und Mentorinnen.

Ich möchte auch gern Jenny und Tanya danken, die meine ersten Handtaschen kauften, als ich noch gar nicht beabsichtigte, in den Handel einzusteigen. Meine Mutter Doreen und meine Schwestern Bernadette und Bridget waren wunderbare Models für meine Taschen, und sie wurden mein Verkaufsteam.

Danke an Elaine und Julie, die mir einen Job gaben, als ich ihn brauchte, für all ihre Unterstützung und Freundschaft.

Ich danke meinem Mann Tom (man kennt ihn eher als »armer Tom«) und meinem Sohn Frazer, die fast in jedem Raum meine Wolle ertragen mussten. Tom wurde zu Strick- und Garnausstellungen mitgeschleppt (ich glaube, er hatte wirklich Spaß daran) und hat mir enorm geholfen, genauso wie meine Mutter, Karen und Gill.

Ich möchte auch allen Strickerinnen danken, die ich in unseren Strickgruppen traf, in Ausstellungen und im Internet. Wenn sie nicht meine Anleitungen und Handarbeitspackungen gekauft hätten, wäre dieses Buch gar nicht zustande gekommen. Wir Strickerinnen kommen aus allen Gesellschaftsschichten, und das Stricken verbindet Generationen: Ich gewann so viele neue Freunde – und hoffentlich werden es noch mehr –, dass ich dem Stricken dafür dankbar bin.

Ich bedanke mich bei Paula, Janet, Jan und dem Team bei Breslich & Foss, die mich gebeten haben, dieses Buch zu schreiben.

Ein besonderer Dank geht an Kate Haxell, meine Lektorin, Sussie Bell, die Fotografin, und Elizabeth Healey, die Designerin, die alle das Buch zum Leben erweckt haben.

Ich möchte die Gelegenheit nutzen, Dr. Claire Joynson und dem onkologischen Team am Krankenhaus Leicester Royal Infirmary zu danken für die ärztliche Betreuung, die Hilfe und Unterstützung während meiner Krebsbehandlung. Ich wurde mit Respekt, Mitgefühl und vor allem als Individuum behandelt. Ich hatte wirklich das Gefühl (und habe es immer noch), die bestmögliche Zuwendung erhalten zu haben. Viele Taschen dieses Buchs habe ich während meines Klinikaufenthaltes gestrickt, während ich mich über Wochen einer Strahlenbehandlung unterzog.

Als Pflegemutter möchte ich außerdem den Kindern danken, die unser Zuhause in den letzten Jahren bereichert haben. Einige von euch sind nur ein paar Tage geblieben, einige mehrere Jahre. Ich werde euch nie vergessen und behalte euch alle in lieber Erinnerung. Manche von euch wurden ebenfalls in die Welt der Garne und ins Stricken eingeführt von der verrückten Wollefrau mit den frech gefärbten Haaren.